Olaf Sundermeyer

Bandenland

Deutschland im Visier
von organisierten
Kriminellen

C.H.Beck

Originalausgabe
© Verlag C.H.Beck, München 2017
Satz: Verlag C.H.Beck, München
Druck und Bindung: Pustet, Regensburg
Umschlagentwurf: Geviert, Grafik & Typografie, Andrea Hollerieth
unter Verwendung eines Motivs von shutterstock
Printed in Germany
ISBN 978 3 406 70754 4

www.chbeck.de

Inhalt

Einleitung

Viele Menschen in Deutschland fühlen sich nicht mehr sicher. Zugleich sinkt das Vertrauen in den Staat. Beides muss sich ändern, um den sozialen Frieden in Deutschland zu wahren. Den Zusammenhang zwischen dem beeinträchtigten Sicherheitsgefühl und der politischen Vertrauenskrise erkennt auf Anhieb, wer sich mit den verschiedenen Formen der Bandenkriminalität in Deutschland beschäftigt. Insbesondere – aber nicht nur – mit der ausufernden Eigentumskriminalität. Denn gegen sie sind unsere Sicherheitsbehörden leider machtlos. In manchen deutschen Städten hat sich die Zahl der Einbrüche in den vergangenen Jahren mehr als verdoppelt, während die Aufklärungsquote weiter sinkt. An besonders belasteten Orten liegt sie oft nur im einstelligen Bereich. Obwohl Behörden und Politik den Menschen jahrelang ein anderes Bild vermitteln wollten, stecken dahinter organisierte Banden, die systematisch Wohnungen und Häuser leer räumen. Stadt um Stadt gehen sie vor. Seit Jahren geht in Deutschland der große Klau um: Autos, Fahrräder, Geldbörsen, Smartphones. Die Banden haben es auf die mobilen Symbole des Wohlstands abgesehen und greifen ab, was nicht ausreichend gesichert ist. Bankkonten werden ausgespäht und geplündert, Geldautomaten gesprengt.

Dabei bleibt die überwiegende Zahl dieser Straftaten ungesühnt, die Täter straflos, die Opfer hilflos und der Staat im Kampf gegen die organisierte Kriminalität machtlos. Inzwischen spricht auch der um Sachlichkeit in der Sicherheitsdebatte bemühte Bund Deutscher Kriminalbeamter (BDK) von faktischer Straflosigkeit: nicht nur bei der einfachen Eigentumskriminalität, sondern auch bei Internetkriminalität, Wirtschaftskriminalität und der schweren organisierten Kriminalität.

Aber wer möchte schon zurückgezogen hinter Mauern und Stacheldraht leben, um Hab und Gut zu sichern? So wie es viele Menschen in anderen Ländern bereits tun müssen, wo die Freiheit hinter der individuellen Sicherheit verschwunden ist, die sich wiederum nur die Wohlhabenden leisten können: in Südafrika oder in Mexiko, stellenweise auch in Spanien, Frankreich und den USA, also in Gesellschaften, an denen sich die Bundesrepublik lange Zeit orientiert hat. Dort leben immer mehr Menschen in «Gated Communities» hinter einem Zaun, der von einem privaten Sicherheitsdienst bewacht wird. Menschen, die sich Sicherheit kaufen können, das aber auch zum Preis einer nur eingeschränkten Freiheit. Für eine große Industrienation verfügt Deutschland auch deshalb über eine ungewöhnlich hohe Lebensqualität, weil die Menschen hier bislang noch ein hohes Maß an Freiheit genießen. Aber diese Freiheit machen uns Kriminelle nun streitig, indem sie ihren Opfern permanent die eigene Schutzlosigkeit vor Augen führen.

Zahllose Diebstähle und die kaum zu kontrollierenden reisenden Banden sorgen für Empörung, ebenso kriminelle Familienclans und martialisch auftretende Rockergangs, die den Rechtsstaat verhöhnen – und dabei weitgehend straflos bleiben. Viele Menschen fühlen sich durch die Polizei nicht ausreichend geschützt und kümmern sich um ihre Sicherheit selbst: Ausweis dessen sind Pfeffersprays in den Regalen von Drogeriemärkten, eine Antragsflut bei den «kleinen Waffenscheinen», das wuchernde Angebot von Selbstverteidigungskursen, das florierende Geschäft mit Alarmanlagen und privaten Sicherheitsdiensten sowie die Gründung zahlreicher Bürgerwehren und selbstorganisierter Streifendienste. Wenn einzelne Landesinnenminister angesichts dessen öffentlich darauf beharren, dass für die «innere Sicherheit unsere Polizei zuständig ist», dann ist klar, was allmählich auf dem Spiel steht: das Gewaltmonopol des Staates, das immer mehr Bürger anzweifeln.

Einige besonders Ängstliche rufen sogar offen dazu auf, dass die Deutschen sich bewaffnen sollten. Immer mehr Menschen setzen diese Idee für sich in die Tat um. Die alte Leier von einem drohenden Bürgerkrieg in deutschen Städten, die einige politische Sektierer seit über einem Jahrzehnt anstimmen, findet inzwischen in Teilen der gesellschaftlichen Mitte Gehör. So haben das sinkende Sicherheitsgefühl und der Vertrauensverlust längst eine politische Eigendynamik bewirkt, die unsere Demokratie gefährdet. Die Bedrohung geht also nicht nur von der Kriminalität als solche aus, sondern auch von ihren gesellschaftlichen Folgen.

Aus Angst vor den Wählern haben Politiker die eigene Machtlosigkeit viel zu lange verschwiegen. Und die Tatsache, dass die überwiegende Zahl der organisierten Kriminellen Nichtdeutsche sind, haben sie lange Zeit versucht auszublenden. So bemerkte der Rechtswissenschaftler Hans-Dieter Schwind in seinem Standardwerk zur kriminologischen Praxis bereits für das Jahr 1984 ganz grundsätzlich eine Kriminalitätsbelastungszahl,[1] die bei «in der Bundesrepublik lebenden jungen Ausländern (…) rund doppelt so hoch ist wie diejenige der Deutschen».[2] Für die hohe Zahl der nichtdeutschen Kriminellen lässt sich heute wohl sagen, dass sie entweder Milieus erwachsen sind, in denen hierzulande die Integration längst gescheitert ist. Oder sie sind Mitglieder von Banden aus dem Ausland, die Deutschland ganz bewusst ins Visier genommen haben. In einem Dossier der Wochenzeitung *Die Zeit,* das sich dem Innenleben der deutschen Polizei widmet, beschreibt ein 35-jähriger Polizeioberkommissar aus dem Streifendienst in einem deutschen Bahnhofsviertel seine dahin gehenden Erfahrungen aus der Praxis: «Als Mensch mit Migrationshintergrund darf ich Menschen mit Migrationshintergrund einfach Ausländer nennen. In meinem Beruf ist das ein Geschenk! Ich kann über Türken schimpfen, über Deutsche, über Weiße, Gelbe – und ich kann sagen, was ich im Dienst erlebe: In Sachen Kokain sind bei uns die Albaner gut dabei, nicht nur als kleine Dealer unten auf der Straße, sondern auch ganz weit oben – jedenfalls so weit, wie ich gucken kann. Dann gibt's den Türken und Kurden, der eher mit Heroin macht. Wenn wir Leute festnehmen, die mit Waffen handeln, kommen die meisten vom Balkan. Und in Prostitution machen eigentlich alle. Deutschen begegne ich in der organisierten Kriminalität eher weniger. Nicht, weil die weniger kriminell sind, die haben nicht so ausgeprägte Familienclans.»[3] In diesem Zusammenhang sind mir stets zwei Sätze präsent, die mir zwei Bandenkriminelle von ganz unterschiedlicher Herkunft gesagt haben: Die eine Aussage stammt von einem Kurden, dessen Familie aus der Türkei nach Berlin kam, und der sich schon als Jugendlicher gemeinsam mit seinen Brüdern einer hochkriminellen Gruppe angeschlossen hatte. «Der Wedding ist die Ausbildungsstätte des Verbrechens», beschrieb der Intensivtäter den Stadtteil, in dem er selbst und mit ihm die meisten anderen Mitglieder seiner Bande aufgewachsen sind. Den anderen Satz sagte mir ein Mitglied einer reisenden Bande aus Rumänien, den ich in seinem Heimatland getroffen habe: «Wir klauen in Deutschland, weil es dort gut geht. Und weil dort viel mehr zu holen ist als hier.»[4]

Der massive Kriminalitätsdruck, den diese beiden großen, aber heterogenen Tätergruppen aus dem In- und Ausland erzeugen, hat sich durch die jüngste Einwanderungswelle noch verstärkt. Wenn die Integration der Hunderttausenden von Flüchtlingen mittelfristig nicht gelingt, wird die Zahl der Kriminellen unter uns weiter steigen. Zumal zahlreiche junge Männer, die ohne ihre Familien aus verrohten Lebensverhältnissen zu uns kommen, ganz objektiv als kriminalitätsanfällig gelten: Weil ihr Alter, ihr

Geschlecht, insbesondere aber ihre schwierigen Lebensumstände und die fehlende soziale Kontrolle durch ihre weit entfernt lebenden Familien Faktoren sind, die Kriminalität befördern. Deshalb sind sie besonders gefährdet, sich schnell kriminellen Kreisen in ihrem Gastgeberland anzuschließen. Dieser Effekt ist bereits seit einigen Jahren vor allem bei Männern zu beobachten, die aus den Maghreb-Staaten stammen. Viele von ihnen haben sich hochkriminellen Banden angeschlossen, die im Dreieck zwischen Amsterdam, Brüssel und Düsseldorf, aber auch in anderen Gegenden in verschiedenen Deliktarten aktiv sind. Und zwar schon bevor die große Fluchtbewegung aus dem arabischen Raum eingesetzt hat. Bemerkenswert ist allerdings, dass Menschen, die aus tatsächlichen Bürgerkriegsgebieten nach Deutschland fliehen, um hier Schutz zu finden, bisher nur sehr selten als Kriminelle auffallen. Inzwischen sind aber Zehntausende von Menschen in Deutschland, deren Identität nicht nachweisbar ist, und deren Angaben häufig falsch sind. Das ist eine ideale Voraussetzung für kriminelles Handeln.

Tatsächlich birgt jede Einwanderungswelle spezifische Kriminalitätsrisiken. So war es auch bei dem oft vergessenen Kontingent der Bürgerkriegsflüchtlinge, das in den 1970er und 1980er Jahren aus dem Libanon in die Bundesrepublik kam. Hier konnten sie fast ungehindert ein kriminelles familienbasiertes Netzwerk aufbauen, das sich in einigen Städten zu einer ernsthaften Bedrohung der Rechtsstaatlichkeit entwickeln hat. Angesichts der misslungenen Integration dieser Menschen, die sich über Jahre eine zum Teil kriminelle Parallelwelt in Großstädten wie Bremen, Duisburg, Essen oder Berlin erschaffen konnten, warnt ein führender Ermittler für organisierte Bandenkriminalität beim Landeskriminalamt (LKA) in Berlin davor, «dass wir jetzt nicht den gleichen Fehler wiederholen, Flüchtlinge einfach der organisierten Kriminalität zu überlassen».

Denn die Geschichte der importierten Kriminalität ist lang.

Auch der Zusammenbruch des Ostblocks löste eine Einwanderung nach Deutschland aus: zunächst aus den Gebieten der ehemaligen Sowjetunion, von wo aus die organisierte Kriminalität unter anderem ihre Kontakte zu den abziehenden Streitkräften der UdSSR in der ehemaligen DDR nutzen konnte. «Fast in jedem Bundesland hat sich die Russenmafia fest etabliert. Mit Schwerpunkten in München, Düsseldorf, Frankfurt und Hamburg. Nicht zu vergessen Berlin», notierte dazu der Publizist Jürgen Roth, der in den 1990er Jahren auf einzigartig konsequente Weise das Phänomen «Russenmafia» beobachtet und in zahlreichen Werken nachgezeichnet hat: «Demnach gibt es in Deutschland zurzeit 300 Mafiabanden, die unmittelbar mit der Mafia in Russland zusammenarbeiten. Diese Gruppen haben inzwischen internationalen Charakter. Es gibt große Banden mit allen Merkmalen Organisierten Verbrechens, aber auch kleine Gruppen, die sich mit Erpressung oder mit Diebstahl beschäftigen.»[5]

Später kam die Kriminalität aus dem zerfallenden und durch Bürgerkriege aufgewühlten Ex-Jugoslawien hinzu. Von dort führten Fluchtwege zunächst nach Österreich, aber auch nach Deutschland, und mit den Flüchtlingen kamen Kriminelle und ganze Banden aus einer verrohten Kriegsgeneration, die vielfach erfüllt waren mit einer hohen Gewaltbereitschaft. In der Folge wurde der ganze Balkan, insbesondere das Kosovo, zu einer Exportregion für Straftäter. Der langjährige Balkan-Korrespondent Norbert Mappes-Niediek fand dafür eine Erklärung, die fast schon wie eine Entschuldigung klingt: «Wer im Ausland nicht arbeiten darf und keine brauchbaren Angebote zur Integration bekommt, hat zum Eintritt in ein Drogen-Netzwerk kaum eine Alternative.»[6] Die Ursachen für Kriminalität sind vielfältig, gescheiterte Integration gehört aber zu ihren stärksten Triebkräften.

Nach der Erweiterung des Schengen-Raumes Ende 2007, dem Wegfall der stationären Grenzkontrollen und mit der völligen Freizügigkeit von Personen und Waren stiegen vor allem die Zahlen der Einbrüche und Diebstähle in Deutschland drastisch an, auch das Geschäft mit der illegalen Prostitution wucherte. Seither sind zahlreiche Mitglieder von Roma-Clans aus Südosteuropa als polykriminelle Gruppen in Deutschland aktiv, als Taschendiebe ebenso wie Buntmetalldiebe, Einbrecher und Zuhälter. Die professionell betriebene Bettelei gilt für viele noch als das geringste Übel, stellt aber häufig organisierten Menschenhandel dar, der allerdings nur sehr selten verfolgt wird: Weil die Betroffenen, häufig auch Kinder, die Täter nicht anzeigen, zumal es oft Verwandte sind. Viele Kriminelle kamen seither aus Ländern vom unteren Ende des europäischen Wohlstandsgefälles nach Deutschland. Von dort finden auch Drogen, wie beispielsweise Crystal Meth und Amphetamine, illegale Waffen, Zwangsprostituierte oder Schmuggelzigaretten den Weg nach Deutschland. Noch vor Einsetzen der großen Flüchtlingsbewegung schleusten polnische Taxifahrer Tausende Tschetschenen, die über Weißrussland nach Polen gekommen waren, illegal über Oder und Neiße nach Deutschland. Davon tauchten einige sofort ab und fanden schnell den Weg in die organisierte Kriminalität des eurasisch-russischen Komplexes.

Natürlich hat Deutschland ein wachsendes Problem mit kriminellen Migranten, wie fast jede wohlhabende Industrienation. Wer das verkennt, ist entweder von einer falsch verstandenen politischen Korrektheit geleitet oder erfüllt von dem Gedanken, dafür eine sozial verträgliche Lösung parat zu haben, die ohne die schmerzhafte Benennung der tatsächlichen Zustände auskommt. Unterdessen ist längst der soziale Frieden in Gefahr. Deshalb ist es an der Zeit, sich ehrlich zu machen, gegenüber Kriminellen, die unseren Wohlstand – mittelbar aber auch unsere Freiheit – bedrohen. Angesichts dessen sollten wir die Sicherheitsdebatte unvoreingenommen und sachlich führen, mit Blick sowohl auf die Fakten als auch auf das subjektive Sicherheitsgefühl. Denn ohne den Faktor Mensch geht keine gesellschaftspolitische Rechnung auf.

Ihm ist nicht *nur* mit blanken Zahlen zu begegnen. Politik und Sicherheitsbehörden müssen sich deshalb besonders um die Eigentumskriminalität kümmern. Und sie müssen dafür sorgen, dass das Gewaltmonopol erkennbar beim Staat bleibt, und nicht in die Hände von Kriminellen übergeht, die einige verwahrloste Orte bereits in «No-Go-Areas» verwandelt haben. Also in de facto rechtsfreie Räume, in denen sie das Sagen haben – nicht mehr die Polizei. Fast jeder zweite Deutsche kann ein Gebiet in der Nähe seines Wohnorts nennen, in dem er nachts nicht allein unterwegs sein möchte. Wenn ein Drogendealer durch eine Autobombe getötet wird, dann erfasst die Statistik einen einzelnen Mord. Die durch die Täter beabsichtigte öffentliche Wirkung dieser Hinrichtung allerdings entwickelt eine zusätzliche Wucht, die keine polizeiliche Kriminalitätsstatistik abbilden kann.

In Deutschland werden jährlich fast sechseinhalb Millionen Straftaten angezeigt. Fachleute des Bundeskriminalamtes (BKA) gehen davon aus, dass die tatsächliche Zahl beim Zehnfachen liegt, also bei 60 Millionen. Ein Großteil dieser Taten ist auf die organisierte Kriminalität zurückzuführen sowie auf Banden, die sich in den vergangenen Jahren immer mehr spezialisiert haben, häufig grenzübergreifend aktiv sind und arbeitsteilig agieren. Unterdessen steigt die Gesamtzahl sämtlicher Straftaten in jedem Jahr an; das Gros dieses Zuwachses macht die Eigentumskriminalität aus. Aber kaum ein Politiker traut sich, offen und eindeutig einzuräumen, dass die staatlichen Stellen in ihrer aktuellen Verfasstheit mit den meisten Verursachern beispielsweise von Wohnungseinbrüchen, Computerbetrug, Automatensprengungen, Drogenhandel, Taschen- oder Fahrraddiebstahl, Geldfälschung, Trickbetrügereien, serienmäßigen Juwelierrauben und so weiter überfordert sind.

Dieses Buch blickt vor allem auf jene aktuellen Kriminalitätsphänomene, die für tatsächliche Betroffenheit sorgen. Auch greift die Vorstellung nicht mehr, dass sich organisierte Kriminalität auf klar definierte Kategorien wie «Russenmafia», «italienische Mafia» oder «Drogenkartelle» beschränkt. Sie sind in Literatur und Wissenschaft ausführlich beschrieben und bilden nach wie vor ein hartnäckiges Fundament an organisierter Kriminalität in Deutschland. Vor allem die «Mafia» ist hier gewissermaßen zur Ruhe gekommen – als Teil unseres Wirtschaftsgefüges in einzelnen Branchen wie der Gastronomie oder vor allem der Baubranche: in Baden-Württemberg ebenso wie in Hessen, Nordrhein-Westfalen oder Thüringen. Sie nutzt unser Land als Rückzugsort einzelner ihrer kriminellen Mitglieder und zur Geldwäsche vor allem von Profiten aus dem Drogengeschäft, gegen die der Staat hierzulande bislang kein taugliches Instrument zur Hand hat. Die italienische «Mafia» ist daher vor allem im Bereich der Wirtschaftskriminalität aktiv, außerhalb der öffentlichen Wahrnehmung. Kritiker sehen darin die bewusst erklärte Stille eines kriminellen Geschäfts, das vor allem wegen dieser Ruhe prosperiert. So sei es durchaus politisch gewollt, dass die Mafia in Deutschland strukturell unterschätzt wird, damit deren Geld auch weiterhin in den deutschen Wirtschaftskreislauf fließt.

In Einzelfällen werden die blutigen Konflikte aus Italien aber in Deutschland weitergeführt. Zum Beispiel in Duisburg, wo in einer Sommernacht 2007 vor einem Restaurant sechs Italiener nach einem Aufnahmeritual eines jungen Mannes erschossen wurden – aus Rache. Hintergrund war eine über 20 Jahre währende Fehde zweier Familien der Mafiaorganisation «Ndrangheta» aus einem Dorf in der italienischen Region Kalabrien, 2000 Kilometer von Duisburg entfernt. Die Familie, aus der die Täter stammten, unterhielt ihrerseits eine Gaststätte am Niederrhein. Sie planten die Tat nach militärischem Vorbild und feuerten 54 Mal auf ihre Opfer, die durch Kopfschüsse starben.[7] Diese Hinrichtung sorgte dafür, dass die Mafia in Deutschland für eine gewisse Zeit mediale Beachtung erfuhr.

Zwar versucht die Bundesregierung durch ein neues Gesetz die

Vermögungsabschöpfung aus kriminellen Geschäften in den Griff zu bekommen. Die von vielen erfahrenen Kriminalisten geforderte Beweislastumkehr allerdings, nach der die legale Herkunft des Geldes beim Erwerb von Eigentum nachgewiesen werden muss, gilt in Deutschland als politisch nicht durchsetzbar, weil die Finanzlobby hier zu stark ist. Wer ein Auto, ein Haus oder ein Geschäft kauft, muss nicht nachweisen, woher das Geld dafür kommt. Auch das weit verbreitete Glücksspiel eignet sich hervorragend zur Legalisierung krimineller Erträge. Davon profitieren kriminelle arabische Großfamilien, die ihr Drogengeld auf dem boomenden Berliner Wohnungsmarkt investieren, ebenso wie die «Russenmafia» oder die eigentliche italienische Mafia, die ihr Geld im freiheitlichen Deutschland wäscht – auch weil die Behörden in Italien seit zwei Jahrzehnten den Kampf gegen die Mafia über die Beschlagnahme von Vermögen in Milliardenhöhe führen, mittels eines entsprechenden Gesetzes, auf das viele Ermittler in Deutschland nur neidvoll blicken können.

Dieses Buch leistet einen Beitrag zur Sicherheitsdebatte, die ohne Denkverbote auskommen muss, damit sie von niemandem missbraucht werden kann: nicht von organisierten Kriminellen, die viel zu lange von dem zögerlichen Umgang mit ihnen profitiert haben, und auch nicht von politischen Angstmachern, denen es nicht um eine wirksame Bekämpfung der Kriminalität geht, sondern darum, an ihr den Hebel des Populismus anzusetzen. «Die Sorge, persönlich durch Kriminalität gefährdet zu sein, nimmt seit Jahren auffallend zu», schrieb zuletzt Renate Köcher, die Geschäftsführerin des Instituts für Demoskopie Allensbach, in der *Frankfurter Allgemeinen Zeitung*.[8] Auch weil viele Menschen sich schutzlos fühlen, erlebt Deutschland inzwischen eine emotional geführte Sicherheitsdebatte. «Der öffentliche Diskurs nimmt damit verspätet Sorgen auf, die die Bevölkerung schon lange bewegen und die auch seit Jahren zunehmen – lange bevor die Flüchtlingszahlen steil anstiegen. Das gilt gerade für die Innere Sicherheit, die nach dem Empfinden der Bürger immer weniger garantiert ist», resümiert Köcher. Die Sicherheitsdebatte war also längst überfällig.

Das Thema der organisierten Bandenkriminalität muss auf den gesellschaftlichen Operationstisch und dort schonungslos ausgeleuchtet werden. Dafür habe ich zahlreiche Beobachtungen aus über einem Jahrzehnt Kriminalitätsentwicklung zusammengetragen und analytisch eingeordnet. Der Beruf des Reporters besteht darin, dort hinzugehen, wo seine Leser, Zuschauer oder Hörer in der Regel nicht hinkommen, um über das zu berichten, was man selbst gesehen und erlebt hat. Angesichts der angespannten gesellschaftlichen Lage in unserem Land, dehne ich diese Aufgabe aus: Indem ich Schlüsse aus meinen Beobachtungen ziehe, aus zahlreichen Gesprächen und Interviews, die ich mit Tätern und Opfern geführt habe, mit Polizisten, Staatsanwälten, Strafverteidigern, Strafvollzugsbeamten, Politikern, Funktionären und Wissenschaftlern. Nicht alle meine Ansprechpartner kann ich beim Namen nennen. Ich musste einige anonymisieren, weil ich sie schützen muss: vor ihren Feinden, manche vor ihren Familien, andere vor ihren Dienstherren, deren Interessen nicht immer mit denen der Öffentlichkeit übereinstimmen. Einige musste ich auch vor sich selbst schützen. Aber ihre Aussagen erschienen relevant für dieses Buch.

Meine journalistische Beschäftigung mit der organisierten Kriminalität begann gleich nach der Osterweiterung der Europäischen Union, die ich von der deutsch-polnischen Grenze aus ins bald darauf unkontrolliert ausgedehnte Schengen-Land immer wieder als Reporter begleitet habe. Bei der Arbeit an verschiedenen Fernsehdokumentationen über Kriminelle, reisende wie ortsansässige, habe ich in den vergangenen Jahren gelernt, wie ihre organisierten Banden die Freiheit Europas und den hiesigen Rechtsstaat missbrauchen, ohne dass sie eine nennenswerte Gegenwehr zu erwarten hätten. Ich musste feststellen, dass Kriminalität für viele junge Männer ein normaler und akzeptierter Zustand ist, ob sie nun in deutschen Städten aufwachsen oder in den Städten Osteuropas, mit der einzigen beruflichen Perspektive, ein Dieb zu werden. Frauen spielen als Bandenmitglieder eine eher untergeordnete Rolle. Vor allem junge Frauen aus zahlreichen osteuropäischen Ländern werden in die illegale Prostitution geschickt oder dazu gezwungen. Heranwachsende sind als Taschendiebinnen unterwegs. Auch sind bereits vereinzelt organisierte Banden junger Frauen bei Einbrüchen in Deutschland aufgefallen. Jugendliche, Mädchen und Jungen, werden regelrecht zu Einbrüchen abgerichtet, wie erfahrene Ermittler erläutern.

Auf der anderen Seite begegne ich immer wieder Menschen, die von Angst erfüllt und wütend sind. Und deren Wut wächst, wenn niemand ihnen die Angst nimmt. Sie haben Angst, Opfer von Kriminalität zu werden. Die meisten von ihnen haben auch Angst vor Fremden; beides sind Ängste, die häufig miteinander einhergehen. Das diffuse Gefühl einer Bedrohung ist da. Es zu ignorieren wäre fatal, arrogant und – auf Politiker bezogen – undemokratisch. Zu den Menschen, deren Angst vor Kriminalität sich zunächst in Enttäuschung über den Staat – und schließlich in politischen Unmut gewandelt hat, gehört ein Rentner aus Frankfurt (Oder), unmittelbar an der Grenze zu Polen: Er ist aus diesem Grund AfD-Wähler der ersten Stunde: «Wir wurden ja hier nach der Grenzöffnung von der Kriminalität überrannt. Aber ich hatte nie den Eindruck, dass sich die Politik in Berlin oder auch hier in Brandenburg besonders um dieses Problem gekümmert hätte», sagt der Mann, der klug genug ist, um zu wissen, dass auch die rechtspopulistische AfD dieses Problem nicht löst. «Aber erst mal haben die einen Bundespolizisten, der hier den Stadtverband führt, und den ich in die Stadtverordnetenversammlung gewählt habe. Und außerdem macht die AfD das Thema Kriminalität zu einem großen Thema, überall in Deutschland.» Tatsächlich organisieren sich immer mehr Polizisten in der AfD – aus

Frust über die kriminellen Zustände, die sie aus ihrer sehr speziellen beruflichen Perspektive einerseits verstärkt wahrnehmen und die andererseits aus ihrer Sicht keine Entsprechung in der bisherigen Politik von Bund und Ländern finden. Sie haben ihre Konsequenzen aus der Sicherheitsdebatte gezogen, die innerhalb der Behörden schon lange Zeit geführt wird. So war es auch bei dem Leitenden Oberstaatsanwalt aus Berlin, der sich schon früh der AfD angeschlossen hat und als Vorstandsmitglied seinem Landesverband in Brandenburg in juristischen und innenpolitischen Fragen zur Seite steht. Einige Jahre lang leitete Roman Reusch bei der Staatsanwaltschaft in Berlin die Abteilung für jugendliche Intensivtäter, in der er es vor allem mit jungen Migranten zu tun hatte sowie mit Mitgliedern krimineller arabischer Großfamilien. Der Boulevard in der Hauptstadt sah in ihm gar «Berlins mutigsten Staatsanwalt»,[9] weil er sich gleichermaßen mit den Kriminellen, ihren Familien und mit seiner Behördenleitung anlegte. Nun ist er also bei der AfD, wo er sich anfangs noch mit einem Referatsleiter des Bundesinnenministeriums (BMI) austauschen konnte, der bis zu seinem Parteiaustritt als stellvertretender Landesvorsitzender agierte. Hinter verschlossenen Türen sprechen der Staatsanwalt und auch einige Polizisten in der Partei ihren Ärger offen aus, den sie im Dienst nicht artikulieren dürfen, schon gar nicht im Gespräch mit Journalisten. Dieser Unmut, den zahlreiche Mitarbeiter der Sicherheitsbehörden teilen, hat in der AfD eine Stimme gefunden, die ihnen Gehör in der politischen Landschaft und in den Medien verschafft. Die Partei ihrerseits wirbt massiv um Mitarbeiter staatlicher Institutionen, die mit der Durchsetzung von Recht und Ordnung beschäftigt sind. All das gehört mit in die Sicherheitsdebatte, die nun öffentlich geführt werden muss.

Dabei ist es gleich, ob die Ängste vieler Menschen begründet sind oder nicht, so wie die um sich greifende Angst vor Überfremdung, die bekanntlich in jenen Gegenden in Deutschland am größten ist, in denen die wenigsten Menschen aus fremden Kulturkreisen leben. Bezogen auf die Kriminalität lassen sich die Ängste vor den Fremden auch nicht mit dem einfachen Hinweis auflösen, Deutsche seien auch kriminell. Diesen reflexhaften Hinweis höre ich selber oft. Er erfolgt immer dann, wenn ich in meiner journalistischen Arbeit die Kriminalität von Ausländern thematisiere, was regelmäßig auf Widerstand stößt und zu Diskussionen führt. Damit würde man doch nur Wasser auf die Mühlen von Rassisten spülen, heißt es dann, und es tritt der Effekt ein, den der Medienwissenschaftler Uwe Krüger in einem «verengten Meinungskorridor» erkennt: «Wer eine schon oft geäußerte Mehrheitsmeinung hinter sich weiß und allgemein anerkannte Glaubenssätze teilt, befindet sich in einer ‹Niedrigkostensituation› und muss sich wenig Sorgen um seine Reputation machen. Er kann offensiv agieren, ihm steht eine breite Palette etablierter Argumente und bekannter Phrasen zur Verfügung. Wer dagegen eine Minderheitenposition vertritt, ist in einer ‹Hochkostensituation›: Er muss seine Argumentation sorgsam aufbauen, Einwände vorwegnehmen, sich defensiv vortasten, um möglichst wenige Zuhörer gegen sich aufzubringen und möglichst viele zu überzeugen.»[10] Angesichts des hohen wirtschaftlichen Drucks und der prekären Beschäftigungsverhältnisse, in denen zahlreiche Journalisten stecken, sei es für das journalistische Fußvolk verständlicherweise schwierig, eine Haltung zu haben, resümiert Krüger. «Die Folgen: angepasstes Verhalten in den Redaktionskonferenzen, häufiger vorauseilender Gehorsam. Vorsicht bei der Bearbeitung von Themen.»[11]

In einer solchen «Hochkostensituation» findet sich deshalb schnell wieder, wer die Kriminalität unter Migranten in Deutschland medial thematisiert. Die Einwände dagegen sind nach meinem Eindruck häufig politisch motiviert. Unter Journalisten zeigen sie zudem eine unprofessionelle Haltung und sind in der Sache viel zu kurz gegriffen. Schließlich ist es die Aufgabe von

Journalismus, das abzubilden, was ist, und nicht das, was man sich als Idealzustand wünscht. Ich wünschte mir auch ausschließlich integrierte Migranten, die sich von der Kriminalität fernhielten. Aber die Realität ist eine andere. Denn einerseits berichte ich über Bandenkriminalität; dass dabei die Täter häufig ausländischer Herkunft sind, ist ihnen selbst geschuldet, nicht der Auswahl meines Themas. Andererseits ist es oberste journalistische Pflicht, die Wirklichkeit zu zeigen. Diesem Ansinnen kommt in Zeiten, in denen immer mehr Menschen in Abrede stellen, dass wir Journalisten genau das tun, ein besonderes Gewicht zu. Ist doch die beschriebene Vertrauenskrise der Politik längst auch eine der Medien. Mir hat sich die Frage noch nie gestellt, ob ich über Ausländer im Zusammenhang mit Kriminalität berichten soll oder nicht. Denn wenn man über organisierte Kriminalität journalistisch arbeitet, geht es gar nicht anders.

Natürlich sind auch Deutsche kriminell. Meistens allerdings auf andere Art und Weise, zum Beispiel wirtschaftskriminell. Denn Menschen, die tief in die Institutionen aus Politik und Wirtschaft eingedrungen sind, haben wirksamere Manipulations- und auch Verdunkelungsmöglichkeiten als jene, die außen vor stehen. So wie noch immer die Mehrheit der in Deutschland lebenden Migranten.

Überhaupt verursacht die Wirtschaftskriminalität das Gros des wirtschaftlichen Schadens: Auf sie entfällt die Hälfte aller durch Kriminalität entstehenden Verluste im Land – rund 300 Milliarden Euro. Dabei macht sie nicht mehr als zwei Prozent aller Taten aus. In der öffentlichen Wahrnehmung wird sie vergleichsweise weniger als Bedrohung gesehen als andere Kriminalitätsarten, bei denen der wirtschaftliche Schaden geringer ausfällt. Dieses Phänomen ist nicht neu. Der humanistische Gelehrte Erasmus von Rotterdam hat es schon vor über 500 Jahren pointiert erklärt: «Stiehlt einer ein Geldstück, dann hängt man ihn. Wer öffentliche Gelder unterschlägt, wer durch Monopole, Wucher und tausenderlei Machenschaften und Betrügereien noch so viel zusammenstiehlt, wird unter die vornehmen Leute gerechnet.»

Wirtschaftskriminalität hinterlässt für viele Menschen nur eine theoretische, allenfalls eine mittelbare Betroffenheit wie zum Beispiel bei Subventionsbetrug oder Steuerhinterziehung in Millionenhöhe. Nachrichten wie die von einem kriminellen Umsatzsteuerkarussell, bei dem eine internationale Tätergruppe mit Hilfe von sechs Mitarbeitern der Deutschen Bank 850 Millionen Euro an Steuern hinterzog, taugen in Deutschland nur kurzzeitig zum Aufreger. Beim Handel mit EU-Rechten zum Ausstoß des klimaschädlichen Kohlendioxids (CO_2) wurden über deutsche Gesellschaften Emissionsrechte aus dem Ausland gekauft und im Inland über Zwischenfirmen weiterverkauft, ohne Umsatzsteuer zu bezahlen. Die jeweils letzte Gesellschaft in der Kette veräußerte die Papiere wieder ins Ausland. Dafür ließen sich die Betrüger vom Finanzamt Umsatzsteuer zurückerstatten, die nie gezahlt worden war. Daraufhin verurteilte das Frankfurter Landgericht einen ehemaligen Abteilungsleiter der Bank zu drei Jahren Haft. Die übrigen Angeklagten erhielten Bewährungsstrafen zwischen einem und zwei Jahren und müssen zusätzlich Geldbußen von bis zu 200 000 Euro zahlen.[12] Unmut entsteht allenfalls über das angesichts der Schadenssumme verhältnismäßig niedrige Strafmaß der für solche Taten Verantwortlichen. In diesem Fall drückte sich die Verstimmung über eine Karikatur in einer Lokalzeitung aus, in der sich zwei Gangster mit jeweils einem Sack Beute auf dem Rücken unterhalten: «Was soll ich nochmal sagen, falls wir geschnappt werden?», fragt der eine – sagt der andere: «Dass wir Manager bei der Deutschen Bank sind.»

Der Ärger über Wirtschaftskriminalität zeigt sich eher in einer diffusen Resignation über die Zustände in der Wirtschaft, die sich auch in der verbreiteten Elitenfeindlichkeit entlädt. Aber die Gesellschaft ist wesentlich eher bereit, die voll umfängliche Resozialisierung von Wirtschaftskriminellen zu akzeptieren. Das prominenteste Beispiel dafür ist der Unternehmer und Fußballfunktionär Uli Hoeneß: Nur etwas mehr als zweieinhalb Jahre vergingen zwischen dem Urteil des Münchener Landgerichts wegen Steuerhinterziehung in Höhe von 28,5 Millionen Euro und seiner Wiederwahl zum Präsidenten des FC Bayern München.

Tatort Deutschland

Mit Sicherheit hat unser Land ein Problem: Die organisierte Kriminalität ist neben dem Terrorismus das wichtigste Thema bei der inneren Sicherheit in Deutschland und Europa.[13] Darüber herrscht Konsens in Wissenschaft, Politik und bei den Sicherheitsbehörden. In einem Strategiepapier des Rates der EU von 2015 wurde die schwere und organisierte Kriminalität bei den Bedrohungen und Herausforderungen der kommenden Jahre im Bereich der inneren Sicherheit an erster Stelle genannt. Denn im Unterschied zum Terrorismus ist die Zahl der durch diese Kriminalität Betroffenen deutlich größer, flächendeckend, und die Straftaten erfolgen permanent, also ohne nennenswerte zeitliche Unterbrechung. Der langjährige Innenexperte der CDU, Wolfgang Bosbach, ging selbst nach den verheerenden Terroranschlägen von Paris im Umfeld des Fußballländerspiels Frankreich-Deutschland 2015 noch davon aus, dass es womöglich falsch gewesen sei, seit Beginn des Jahrtausends in Deutschland fast ausschließlich die Bedrohung durch den internationalen Terrorismus in den Mittelpunkt zu stellen. Denn viele Menschen empfänden diese als «eher abstrakt».[14] Im Vergleich zu dem finanziellen Aufwand und den Gesetzesverschärfungen, die seit 9/11 in Deutschland betrieben wurden, behandeln die Behörden den Wohnungseinbruch als Bagatelldelikt. Der Bund deutscher Kriminalbeamter (BDK) nennt genau das ein «Politikversagen». Denn für Einbrecher sei Deutschland schlicht ein Paradies.

Die Mittel und rechtlichen Befugnisse der Sicherheitsbehörden greifen gegen international agierende Banden schlicht nicht. Viele Betroffene ahnen das längst und reagieren wütend auf die wiederkehrenden Erfolgsmeldungen der Polizei. So feiert sich etwa die Gemeinsame Ermittlungsgruppe (GEG) zur Bekämpfung der Einbruchskriminalität der Länderpolizeien aus Berlin und Brandenburg mit jedem Jahr ihres Bestehens selbst, und zwar öffentlichkeitswirksam mit Ministerpräsenz und Pressekonferenzen. Unterdessen hat sich die Zahl der Einbrüche im Speckgürtel um Berlin, dem Einsatzort der GEG, in den vergangenen Jahren verdoppelt. Kommentare einzelner erboster Bürger auf die Verlautbarungen der Innenbehörden lesen sich deshalb so (Fehler im Original):

«Nur bringt die Zusammenarbeit scheinbar nix. Bei uns sind sie 2012 innerhalb eines Monats zweimal eingebrochen und es ist nix aufgeklärt worden.»

«… solange dieses kriminelle Pack nicht sofort des Landes verwiesen wird, nütz jegliche Zusammenarbeit nichts!!!»

«Kein Wunder, die Banden sind oft illegal hier und wandern durchs ganze Land. Wie soll man derer habhaft werden? Das kommt eben von der Kuschelpolitik und der EU.»[15]

Organisierte Kriminalität? Eine Sicht der Dinge!

In der Bekämpfung der organisierten Kriminalität hat Deutschland noch deutlich Luft nach oben. Daneben bleibt der Terrorismus eine reale Bedrohung für die innere Sicherheit. Dass er die Sicherheitsdebatte in weiten Teilen dominiert, ist verständlich, gleichwohl er damit bereits seinem Ziel näherkommt: Angst und Unsicherheit zu verbreiten. Je verheerender ein Anschlag, je größer die Zahl der Opfer, umso raumgreifender das Entsetzen, die Berichterstattung, die Angst – und die Reaktionen der Politik. Das bezieht sich vor allem auf islamistisch motivierte Terroranschläge, die in den vergangenen Jahren dem erklärten Ziel folgten, möglichst viele Menschen auf einen Schlag zu töten und unsere freiheitliche Lebensweise einzuschränken. Dabei ist unter Fachleuten längst klar, dass das Schmiermittel internationaler Terrorgruppen die organisierte Kriminalität ist. Die Sicherheitsbehörden in Deutschland ignorieren diese Zusammenhänge bislang häufig, aber es gibt Überschneidungen. Zum einen in den Biografien und Radikalisierungsverläufen einzelner Terroristen, Dschihadisten und ausgereister Kämpfer des so genannten Islamischen Staates (IS): Deren Vorleben ist häufig von Eigentumsdelikten durchzogen. Die zahlreichen kriminellen jungen Männer muslimischen Glaubens, die ähnlich wie in Brüssel und Paris auch hierzulande an der Integration gescheitert sind, bringen immer wieder den Nachwuchs für die islamistischen Terrornetzwerke hervor. Diese reale Gefahr beschreibt ein Gefängnisseelsorger, der einen muslimischen Gesprächskreis in der Jugendstrafanstalt in Berlin-Plötzensee leitet: «Die meisten der Jungs dort werden sich weiter kriminalisieren. Aber einige radikalisieren sich in Haft auch in religiösem Sinne – und das ist gefährlich.» Vor allem aber zeichnen sich Überschneidungen beim Blick auf die Finanzierung des Terrors ab. Die Palette reicht von Menschenhandel über den Handel mit geraubten Kulturgütern beim IS über den Zigarettenschmuggel bei der baskischen Terrororganisation ETA bis hin zum Drogenhandel und Schwarzgeldwäsche durch Autohandel bei der libanesischen Hisbollah. Deutschland ist dabei jeweils als Absatzmarkt interessant.

Seit vielen Jahren führt das BKA deutschlandweit konstant eine Zahl von rund 600 Ermittlungsverfahren zur organisierten Kriminalität auf, die meisten davon in den Ballungszentren. Diesen Verfahren liegt zwar offiziell das deutsche Behördenverständnis von organisierter Kriminalität zu Grunde. Tatsächlich wird ihre Zahl aber vor allem durch die Verfügbarkeit von Staatsanwälten und Polizisten bestimmt, die nötig sind, um solche besonders aufwändigen Verfahren überhaupt führen zu können. Nicht selten müssen Kriminalpolizisten ihre eigene Behördenleitung und die Staatsanwaltschaft deshalb erst davon überzeugen, überhaupt ein solches Verfahren zu eröffnen. Oft gelingt das nicht, trotz eindeutiger Erkenntnislage. Deshalb umfasst die organisierte Kriminalität in Deutschland faktisch sehr viel mehr, als in den laufenden «OK-Verfahren» erfasst wird.

Anschaulich wird das am Beispiel eines Vergleiches zwischen der Staatsanwaltschaft Berlin und der in Cottbus im Süden Brandenburgs, deren Leiter vormals ebenfalls in der Hauptstadt tätig war. Man kennt sich, man schätzt sich, und natürlich tauscht man sich gelegentlich aus. Aber der Leiter der Berliner OK-Abteilung kann nur müde darüber lächeln, dass sein Cottbuser Kollege wegen einer hohen Zahl an Fahrraddiebstählen ein «OK-Verfahren» eröffnet hat, für das zeitweise sogar Ermittler aus anderen Landesteilen abgezogen wurden («Ermittlungsgruppe Pegasus»). So wurde gegen eine internationale Bande von Fahrraddieben vorgegangen: «Ich habe dem Kollegen mal so ein bisschen launig gesagt, dass er sich doch freuen kann, dass sich die OK in Cottbus auf Fahrräder beschränkt», sagt er mit einem Augenzwinkern. Was nach Hauptstadtarroganz klingt, ergibt sich lediglich aus der Belastung der größten deutschen Staatsanwaltschaft mit Rockerkriminalität, Menschen- und Drogenhandel, spektakulären Einbrüchen etc. Gleichwohl ist die Betroffenheit beim Thema Fahrraddiebstahl in Berlin nicht geringer als in Cottbus. Dort wirkt sie sich allerdings anders aus, auch politisch. «Die Frage ist, wann wird eine Bagatelle so groß, dass sie störend wird», sagt der Berliner Staatsanwalt. «20 Fahrräder sind eine Bagatelle. 200 Fahrräder auch. Aber 20 000 Fahrräder vielleicht nicht mehr.» Damit erklärt er, dass organisierte Kriminalität nicht allein eine Frage der Definition ist, sondern eine Abwägungssache. Die Zahl der jährlich in Berlin gestohlenen Fahrräder liegt übrigens bei über 30 000. Dass hinter einem Teil der dort verschwundenen Fahrräder dieselben Täter stecken könnten, die von der Staatsanwaltschaft Cottbus ermittelt und vor Gericht gebracht wurden, ist durchaus wahrscheinlich. Sicher ist es nicht. Dafür fehlt der Nachweis. Woher soll er auch kommen? Während die Cottbuser Zuständigkeiten im Süden Berlins enden, hatte die Berliner Staatsanwaltschaft erst gar keine entsprechenden Ermittlungen aufgenommen. Immerhin hat die Berliner Polizei unter dem ersten rot-rot-grünen Senat eine Ermittlungsgruppe zur Bekämpfung des organisierten Fahrraddiebstahls eingerichtet. Der Umgang mit organisierter Kriminalität liegt in Deutschland also immer auch an der politischen Sicht der Dinge.

Eine eindeutige Definition der organisierten Kriminalität gibt es indes nicht. Weltweit existieren unterschiedliche Ansätze. In Deutschland leitet sich das Verständnis nicht aus den bestehenden Strafgesetzen ab, die als Straftatbestand lediglich ein «bandenmäßiges» Vorgehen definieren. Hierzulande gibt es eine kriminalpolitisch-strategisch-polizeiliche Definition: Nach Auffassung des Bundesverfassungsgerichts ist organisierte Kriminalität als eine komplexe Erscheinungsform abweichenden Verhaltens zu verstehen. Von ihm wird sie definiert als «die von Gewinn- und Machtstreben bestimmte planmäßige Begehung von Straftaten, die einzeln oder in ihrer Gesamtheit von erheblicher Bedeutung sind, wenn mehr als zwei Beteiligte auf längere oder unbestimmte Dauer arbeitsteilig zusammenwirken. Entweder unter Verwendung gewerblicher oder geschäftsähnlicher Strukturen. Unter Anwendung von Gewalt oder anderer zur Einschüchterung geeigneter Mittel oder unter Einflussnahme auf Politik, Medien, öffentliche Verwaltung, Justiz oder Wirtschaft.»[16]

Die hier zuletzt genannte Voraussetzung, also die Einflussnahme auf staatliche Institutionen oder etwa auf Medien, ist bei der Mafia in Italien zu beobachten, die strukturell bis in die höchsten politischen Kreise hineinreicht. Mehr noch im Kosovo, wo sich die organisierte Kriminalität ein ganzes Staatswesen unterworfen hat, oder in der Ukraine, wo Oligarchen seit der Unabhängigkeit von der Sowjetunion den Staat systematisch ausplündern und sich der Politik als willfähriges Instrument für dieses Ziel bedienen. In Mexiko kontrollieren die mächtigen Drogenkartelle ganze Bundesstaaten, haben das Gewaltmonopol inne, übernehmen zugleich aber soziale Verantwortung für Menschen und erzeugen Abhängigkeiten. Auch in Kolumbien, Afghanistan, im Irak, dem Libanon oder in Tschetschenien, um noch einige weitere Länder zu nennen, liegt militärische oder politische Macht stellenweise oder flächendeckend in den Händen der organisierten Kriminalität. Zwar unterhält diese vielfach auch Verbindungen ins bevölkerungsreiche und wohlhabende Deutschland, vor allem über den Drogenhandel, der hier einen seiner weltweit lukrativsten Absatzmärkte findet. Von einer Kontrolle über staatliche Institutionen, staatliches Handeln oder gar über komplette Regionen ist die organisierte Kriminalität in Deutschland allerdings weit entfernt: Weil Demokratie und Rechtsstaat hier *noch* zu stabil sind, um solche strukturellen Einflüsse zuzulassen. Das gleiche gilt für die Unabhängigkeit der Medien.

Gleichwohl sind Staat und Medien auch hierzulande permanent dem Druck von Interessengruppen mit eindeutigen kriminellen Bezügen ausgesetzt, die Einfluss auf die Geschicke unseres Landes und auf die Öffentlichkeit nehmen: in der Regel durch Geld, Jobs, gut bezahlte Positionen. Statt an diesem Buch zu arbeiten, um auf Missstände hinzuweisen, könnte ich auch das lukrative Beraterhonorar der mafiös unterwanderten Regierung einer ehemaligen Sowjetrepublik annehmen, das mir angeboten wurde, weil sie ihr zutiefst korruptes Land in Deutschland als sozial akzeptierten Staat präsentiert wissen will. Im Gegenzug würde ich maßgeblich daran mitwirken, das Image eines kriminellen Staates reinzuwaschen, der über gute Wirtschaftsbeziehungen zu Deutschland verfügt. Dieses Beispiel soll einzig erläutern, wie die Einflussnahme in einem geordneten Staat wie dem unserem erfolgt, in dem Umschläge mit Bargeld für Funktionsträger eher die Ausnahme sind.

Aber für einige Sicherheitsexperten ist es bereits ein Warnsignal, wenn verfeindete kriminelle Rockerclubs wie die «Hells Angels» und die «Bandidos» nach einem Rockerkrieg mit Handgranaten und Morden in einer repräsentativen Rechtsanwaltskanzlei in Hannover vor den Kameras geladener Medienvertreter demonstrativ Frieden schließen; unter Aufsicht des Strafverteidigers Götz von Fromberg, einem Sozius von Alt-Bundeskanzler Gerhard Schröder. Das sei ein Zeichen für den gesellschaftlichen Anschluss und die soziale Akzeptanz organisierter Krimineller. Ebenso der Auftritt des Rap-Stars Bushido auf dem roten Teppich bei einer Bambi-Preisverleihung gemeinsam mit engen Freunden aus einer kriminellen arabischen Großfamilie, die sich bei derselben Gelegenheit mit berühmten Schauspielern in den Armen liegen. Dennoch ist Deutschland noch weit von einer umfassenden gesellschaftlichen Akzeptanz organisierter Kriminalität entfernt. Das wiederum dürfte damit zusammenhängen, dass sie – abgesehen von der Wirtschaftskriminalität – ein in großen Teilen importiertes Phänomen ist, das nicht aus der gesellschaftlichen Mitte erwachsen ist.

Banden ziehen durch Schengen-Land

Fachleute der europäischen Polizeibehörde EUROPOL gehen inzwischen davon aus, dass mindestens die Hälfte aller Einbrüche in Westeuropa auf das Konto von organisierten reisenden Banden gehen. In Deutschland könnte der Anteil noch höher sein, im wohlhabendsten und am zentralsten gelegenen EU-Mitgliedsstaat. So sieht es auch der Polizeipräsident von Essen und Mühlheim an der Ruhr. Er ist sich sicher, dass von den reisenden Tätern die meisten aus Südosteuropa stammen. Den klassischen deutschen Täter gebe es immer weniger. Wegen der guten Verkehrsanbindungen stünden vor allem Ballungsräume im Fokus der Einbrecher. Und auch Städte in Nähe von Landesgrenzen, in denen solche Banden besonders gerne aktiv sind, und zwar grenzübergreifend. Deshalb wünscht sich der Polizeipräsident eine bessere Zusammenarbeit mit den Behörden in den Niederlanden und Belgien.[17]

Bei EUROPOL erkennt man gar eine «rote Linie», die sich entlang «grenznaher Städte und Ballungsräume zieht, die an der Autobahn gelegen sind». In dem riesigen grauen Behördenkomplex in Den Haag sind zurzeit rund 1000 Menschen damit beschäftigt, sich ein Bild von der Kriminalitätsentwicklung in den EU-Mitgliedsstaaten zu machen, das wiederum der jeweiligen Landespolizei zur Verfügung gestellt wird. Zahlreiche Finanzermittler versuchen die Geldströme der organisierten Kriminalität zu verfolgen, um die Geldwäsche am Ende des kriminellen Geschäfts offenzulegen. Ein Feld, auf dem die nationalen Sicherheitsbehörden in Deutschland bislang fast chancenlos sind. 200 Verbindungsbeamte kümmern sich bei EUROPOL um den Kontakt mit den nationalen Behörden, nicht nur in Europa, auch in Ländern, die aus internationaler Polizeisicht besonders relevant sind – wie etwa Russland oder Kolumbien. Die Zahl der Mitarbeiter wächst seit Gründung der Polizeibehörde 1999 jedes Jahr. Sie wurde auch deshalb geschaffen, weil mit der Umsetzung des Schengen-Abkommens die Binnengrenzkontrollen zwischen den Mitgliedsstaaten wegfielen. Die Idee zur Einrichtung einer europäischen kriminalpolizeilichen Zentralstelle kam aus dem Mitgliedsstaat Deutschland. Dem Land mit den nunmehr längsten offenen Grenzen.

Eine eigene Abteilung kümmert sich in dem modernen Bürokomplex um solche mobilen Tätergruppen, die in den vergangenen Jahren immer aktiver geworden sind und sich die geographisch begrenzten Zuständigkeiten der Polizeien zu Nutze machen. «Eine Staatengrenze bedeutet immer Vorsprung und Sicherheit für die Täter. In der Regel erkennen wir entlang von Landesgrenzen geballte Taten. Nicht nur Einbrüche, man kann beispielsweise auch Geldautomatensprengungen nehmen. Da ist die deutsche Seite der Grenzen überall rot», erläutert Michael Will, der deutsche Chef dieser Abteilung. Seit er vor einigen Jahren vom Berliner LKA in die niederländische Hauptstadt gewechselt ist, konnte er zahlreiche Kollegen in Deutschland von der Notwendigkeit der internationalen Kooperation überzeugen: «In der Regel fangen die Täter in einem Land an, irgendwann reagiert die Polizei und verdrängt die Täter. Dann gehen sie nach Deutschland und machen den gleichen Kram weiter. Wenn wir uns dabei nicht miteinander austauschen, fängt jede Polizei wieder bei null an.» Über den permanenten Austausch sammeln EUROPOL-Ermittler aktuelle Informationen über Straftaten, analysieren diese, um neue Trends zu erkennen, und geben Auswertungen zurück an die Mitgliedsstaaten. Mehr können sie nicht tun. Nur in Ausnahmefällen sind diese Polizisten Teil internationaler Ermittlerteams, die sie zuvor zusammengebracht haben.

Kein europäisches FBI in Sicht

Denn die europäische Polizeibehörde hat keinerlei Vollzugsmacht. Sie ist lediglich eine Agentur, an die Polizeibehörden aus ganz Europa freiwillig ihre Informationen über Straftaten, Serien, Tatphänomene und Täter weiterleiten können – eine Verpflichtung dafür existiert nicht. Deshalb erhalten die Analysten von EUROPOL bei weitem nicht alle nützlichen Informationen zur Erstellung ihrer Kriminalitätsbilder. Es ist eben kein europäisches FBI, das unter Aufsicht des Justizministeriums in sämtlichen 50 US-Staaten bundesrechtliche Straftaten ermittelt.

Tatsächlich aber wurde das Vorbild «FBI» bei der Genese von EUROPOL ins Gespräch gebracht – ebenfalls von Deutschland, und zwar vom damaligen Bundeskanzler Helmut Kohl. Das war Anfang der 1990er Jahre, die insbesondere dem wiedervereinigten

Deutschland einen Angriff der organisierten Kriminalität aus Osteuropa, vom Balkan und den Ländern der zerfallenden Sowjetunion bescherten, dem man sich damals hilflos ausgesetzt sah. Aus der Idee einer zentralen europäischen Kriminalpolizei mit Exekutivbefugnissen wurde trotzdem nichts. Auch langfristig wird aus EUROPOL kein FBI werden, weil die EU-Mitgliedsstaaten noch lange nicht bereit sind, ihre nationalen Kompetenzen abzugeben. Nicht zuletzt ihre unterschiedlichen Rechtssysteme stehen diesem Konzept im Wege. Während Europa als Wirtschaftsraum schnell gewachsen ist, fällt der Kontinent in puncto Sicherheit vor allem aus diesem Grund immer weiter hinter die Möglichkeiten der organisierten Kriminalität zurück. Die Schwäche der wirtschaftlich starken EU macht sich insbesondere an Sicherheitsfragen fest. Was für die gemeinsame Außen- und Verteidigungspolitik gilt und für den Schutz der Außengrenzen, trifft umso mehr auf die innere Sicherheit zu und auf die Bekämpfung der organisierten Kriminalität. Als ob Helmut Kohl auch das geahnt hätte.

Wir leben in der Mitte eines riesigen Binnenmarktes, im größten Wohlstand auf dem Kontinent, unterhalten offene Grenzen über rund 3800 Kilometer zu neun Nachbarländern, außerdem Seegrenzen zu Nord- und Ostsee. Deutschland verfügt über eines der dichtesten Straßennetze der Welt sowie die meisten gebührenfreien Autobahnkilometer für Privatfahrzeuge zwischen Gibraltar und Kaliningrad. In Deutschland leben 82 Millionen Menschen in einem der am dichtesten bevölkerten Länder der Erde, verteilt auf 40 Millionen Haushalte. Auch wenn darunter sehr viele sind, die nur wenig oder kaum am Wohlstand teilhaben, wächst die Zahl der Vermögenden unaufhörlich. Sie alle sind als Opfer interessant, wenn auch auf unterschiedliche Weise: als Drogenkonsumenten, Betrugs- oder Einbruchsopfer, als Zielpersonen für Taschendiebe oder Geldfälscher. Nirgendwo in Europa leben mehr Freier, die aus Menschenhandel zum Zweck der Zwangsprostitution ein lohnendes Geschäft machen.

Viele Taten, wenige Anzeigen

Aber die überwiegende Zahl der Straftaten wird von den Opfern erst gar nicht angezeigt. So verzichten viele Betrugsopfer aus Scham auf eine Anzeige. Weil sie bei sich die Schuld sehen, Opfer einer Straftat geworden zu sein, und in dem eigenen Fehlverhalten, das sie durch eine Strafanzeige nicht noch vorgeführt sehen möchten. Deshalb wollen sie die Tat verdrängen. Häufig unterlassen Kriminalitätsopfer aber auch eine Anzeige, weil sie überhaupt keine Chance zur Aufklärung der Straftat erkennen.

Wenn in einer Stadt wie Bochum nur fünf Prozent aller Einbrüche aufgeklärt werden, dann bezieht sich diese ohnehin geringe Erfolgsquote nur auf den Anteil aller angezeigten Taten. Dagegen bleiben viele Versuche ungemeldet, ebenso Einbrüche mit geringen Schadenssummen oder solche, bei denen etwa Schwarzgeld verschwindet, das der Eigentümer gar nicht angeben möchte. Besonders zurückhaltend ist das Anzeigenverhalten auch beim weit verbreiteten Internetbetrug – etwa nach Vorkasse über Ebay. Zwar unterhält das Internetauktionshaus eine eigene Sicherheitsabteilung, die entsprechende Anfragen der Polizei aus ganz Europa bearbeitet, aber die Wahrscheinlichkeit, wegen einer solchen Tat belangt zu werden, ist verschwindend gering. Ebenso werden Hunderttausende Hehlertaten über Ebay und andere Internetplattformen über das Ausland abgewickelt, die straflos bleiben. Auch hier kommt der Staat kaum hinterher.

Bei Massendelikten wie Taschen- und Fahrraddiebstahl wird die Aussichtslosigkeit gegen den Aufwand einer Strafanzeige abgewogen. Gestohlene Fahrräder werden zumeist nur dann zur Anzeige gebracht, wenn sie versichert waren. Wer einmal einen Brief der Staatsanwaltschaft mit dem dünnen Hinweis «das Verfahren wurde eingestellt» in den Händen hielt, wird bei der nächsten Strafanzeige möglicherweise zögern. Zumal die Polizei selbst einräumt, dass sie bei der Strafverfolgung Prioritäten setzt. Ein gestohlenes Smartphone in der S-Bahn? Ein verschwundenes Fahrrad aus dem Innenhof oder ein entwendeter Kinderwagen vor der Kita? Werden in der Regel als Bagatelldelikte abgehakt. Nicht aus bösem Willen, sondern weil zur Aufklärung nicht ausreichend Personal da ist. Die organisierten Täter wissen das.

Die Masse der Ladendiebstähle fällt beispielsweise erst bei der Inventur auf und führt bei weit über 90 Prozent der Fälle nicht zu einer Anzeige. Dabei stehen Großfilialisten wie Rossmann, Aldi oder Lidl längst im Fokus organisierter und spezialisierter Diebesbanden. Bei den meisten Eigentumsdelikten zeigt sich allerdings ein deutliches Nord-Süd-Gefälle in Deutschland: Vor allem in Bayern werden weniger Straftaten begangen. Das liegt zum einen an der ländlichen Siedlungsstruktur, wo die soziale Kontrolle stärker ist, vor allem aber an den höheren Haftquoten, den härteren Urteilen und an der besseren personellen wie materiellen Ausstattung der Polizei. Das beurteilen Kriminalpolizisten und Staatsanwälte aus anderen Bundesländern ganz genauso wie reisende Kriminelle, die im persönlichen Gespräch einräumen, Bayern auf ihren Diebestouren aus eben diesen Gründen zu meiden.

Straflos im Bandenland

Außerhalb Bayerns aber machen sie in Deutschland leichte Beute, zumal sie wissen, dass ihre Opfer, auch Polizei und Staatsanwaltschaft, in der Regel das Nachsehen haben. Wenn sie ausnahmsweise doch erwischt werden, etwa bei einem Autodiebstahl oder bei einem Wohnungseinbruch, sind die Strafen, die sie erwarten, in der Regel sehr gering. Und es wird weiter geklaut, solange die Täter nicht in Haft sind. Die häufig verhängten Bewährungsstrafen werden von vielen Tätern überhaupt nicht als Strafe wahrgenommen, vor allem, wenn sie sich außerhalb unserer Gesellschaft und ihres Werte- und Sanktionssystems bewegen, also in einer Parallelgesellschaft, aus der viele Kriminelle stammen. Oder wenn sie aus dem Ausland kommen, wo eine Bewährungsstrafe in Deutschland keine Konsequenzen hat. Auch der Ansatz der Resozialisierung, der dem Strafvollzug in Deutschland zu Grunde liegt, greift bei vielen Tätern nicht. Die Humanität der Rechtsordnung, eine zentrale Errungenschaft unserer Demokratie, ist zugleich eine Schwäche, die von organisierten Kriminellen wissentlich ausgenutzt wird.

Die Zahl derjenigen Straftaten, die aus diesem wachsenden Täterkreis begangen werden, hat in den vergangenen Jahren rapide zugenommen. Dass dies den Bürgern nicht geradlinig mitgeteilt wird, liegt unter anderem an der strukturellen Schwäche der Polizeilichen Kriminalstatistik (PKS). Sie gilt unter Fachleuten längst als ungeeignet, wenn es um die Darstellung der tatsächlichen Kriminalität geht. Die Kritik lautet, dass sie bloß ein Tätigkeitsnachweis der Strafverfolgungsbehörden sei. Dagegen fordert der BDK beispielsweise «einen umfassenden Sicherheitsbericht durch ein interdisziplinäres und politisch unabhängiges Expertengremium. Dieser Sicherheitsbericht muss die Fallzahlen anhand der Geschädigten- und der Opferzahl sowie Auslandsdelikte erfassen, eine fundierte und kontinuierliche Beurteilung der Sicherheitslage beinhalten und sich auch mit den Phänomenen und Entwicklungen im so genannten Dunkelfeld der Kriminalität beschäftigen.»[18] Bislang geben die jeweils zuständigen Innenpolitiker der Länder vor, welche Erkenntnisse von den Ermittlern und den Innenbehörden in Bund und Ländern kommuniziert werden – und welche nicht.

Zahlreiche Täter, vor allem solche aus dem Ausland, die berufskriminellen Intensivtäter aus den «reisenden Banden», verschwinden massenhaft im Dunkelfeld, das um ein Vielfaches größer ist als das Hellfeld mit den Tätern, die gefasst werden. Sie tauchen in den Polizeistatistiken erst gar nicht auf. Das allerdings macht kaum einer der politisch Verantwortlichen den Menschen klar. Anders ein Analyst des Landeskriminalamtes im stickigen Presseraum des riesigen Berliner Polizeipräsidiums. Während einer nüchternen Präsentation zur Einbruchsbekämpfung im historischen Gebäude des Flughafens Tempelhof sagte der erfahrene Beamte eher beiläufig: «Aber genau diese Intensivtäter sind eben diejenigen, die wir nicht kriegen.» Der neben ihm auf dem Podium sitzende Innensenator sowie der Polizeipräsident blickten erkennbar konsterniert bei dieser offenbar nicht abgesprochenen Aussage in den mit Journalisten gefüllten Raum. Und dann legte der LKA-Mann noch nach: «Die, die wir kriegen, sind die, die auch einfach zu kriegen sind, in den leicht aufzuklärenden Fällen.» Ortsgebundene Täter mit Wohnsitz in Berlin, am ehesten noch Kieztäter, die in der eigenen Nachbarschaft zuschlagen und ihren Opfern möglicherweise sogar persönlich bekannt sind, Beschaffungskriminelle, bei denen der Leidensdruck der Sucht das eigene Handeln bestimmt, und nicht der Plan eines möglichst effektiven und straflosen Vorgehens. Soll heißen: Bei den meisten Profis ist die Polizei bislang machtlos. Dieses riesige Vakuum straffrei agierender Einbrecher meint der BDK, wenn er von einem «Politikversagen» im Zusammenhang mit der mangelnden Bekämpfung von Wohnungseinbrüchen spricht.

Ein schiefes Bild von Kriminalität

In der Regel fügen sich Polizisten, Staatsanwälte und Richter dem Wunsch ihrer Dienstherren und geben in Interviews und öffentlichen Statements ausschließlich politisch Erwünschtes wieder. Die gängige Botschaft lautet deshalb: «Alles unter Kontrolle». Überhaupt sind diejenigen Behördenmitarbeiter handverlesen, die sich gegenüber Medienvertretern äußern dürfen. Das hat meistens triftige Gründe, insbesondere als Beamte sind sie weisungsgebunden, auch in dem, was sie nach außen tragen. Das ist häufig allerdings ein Bild, welches sich ganz wesentlich von dem unterscheidet, das sich ihnen und ihren Kollegen in der täglichen Arbeit zeigt. Zu diesem Schluss führen zahlreiche Recherchen wie etliche informelle Gespräche mit eben solchen Funktionsträgern.

Aber die Berichterstattung über die Kriminalität in Deutschland ist wesentlich von diesem Bild geprägt, das die jeweiligen Dienstherren der Sicherheitsbehörden verbreitet haben wollen. Denn die meisten Pressemitteilungen der Polizei landen ungefiltert in den Randspalten der Tageszeitungen, im Internet oder werden als Radionachricht gesendet. Die Polizei nutzt die Redaktionen zur Verbreitung dessen, was sie für berichtenswert hält. Überdies kontrollieren Polizei und übrige Sicherheitsbehörden unmittelbar einen Teil der Öffentlichkeit, indem sie inzwischen professionell und dauerhaft die Kanäle der sozialen Medien über eigene Redaktionen, eigene «Social Media Teams», mit Informationen füllen. Die Twitter- und Facebook-Angebote der Polizei gehören in vielen Städten zu den am stärksten nachgefragten lokalen Informationen, die von dort aus in Windeseile ungefiltert weiterverbreitet werden. Unterdessen ist es für die Redaktionen, die zur gleichen Zeit mit den gleichen Polizeiinformationen versorgt werden, fast unmöglich, diese im stressigen Alltag unter wachsendem Zeitdruck zu überprüfen, zumal sie längst in der virtuellen Welt kursieren und deshalb nur noch schwer zu korrigieren sind. Deshalb malen auch die Redaktionen erst einmal ein Bild, wie es der Polizei gefällt. Aus ganz praktischen Erwägungen.

Kaum ein aktuell arbeitender Journalist hat Zeit, die Schilderungen der Polizei im Alltag zu rekonstruieren, zumal sie selbst gar kein Interesse daran hat. Bei Nachfragen stößt man dort in der Regel auf Widerstand, was wiederum wertvolle Zeit kostet – und der Ausgang der Nachfrage ist ungewiss. Die Polizei wiederum richtet sich nach den Vorgaben ihrer Behördenleitung, also des jeweiligen Polizeipräsidenten, der wiederum von einem Innenminister eingesetzt wurde, der oft in derselben Partei ist wie er selbst. Noch dazu missbrauchen viele Landesinnenminister die Kommunikationsarbeit ihrer Polizei für Wahlkämpfe. So überschlagen sich die konstruktiven Nachrichten aus den Innenbehörden zuverlässig in den Monaten vor einer Wahl, wenn sich auch die öffentlichen Ministerbesuche bei der Polizei häufen. Dann werden plötzlich scheinbare Lösungen für Sicherheitsprobleme von Politikern präsentiert, die sie selbst in den Jahren zuvor hartnäckig kleingeredet haben. Besonders dankbar ist das Thema Wohnungseinbruch, um das sich vielfältige vorwärtsgewandte Kampagnen zimmern lassen: Da werden Polizeiautos aus Deutschland, Belgien und den Niederlanden kameratauglich für das Fernsehen vor ein Rathaus im Dreiländereck gefahren, um eine Kooperationsvereinbarung zur Bekämpfung der reisenden Banden zu verkünden. An der östlichen deutschen Außengrenze wird ein ähnliches Bild inszeniert: Uniformierte deutsche und polnische Polizisten reichen sich lächelnd die Hand oder lassen sich von einem Fernsehteam bei der gemeinsamen Ausfahrt auf dem Fahrrad entlang der symbolträchtigen Oder begleiten. Aufwändige Kontrollen auf den Hauptrouten der reisenden Banden entlang der West-Ost-Autobahnen A2 und A4 werden in Szene gesetzt, Innenminister besuchen Sicherheitsmessen oder die Pressestellen der Polizei behaupten einfach mal einen «erfolgreichen Kampf gegen Einbrecher», den die Redaktionen gerne ihren Nutzern verkünden. Ist ja mal eine gute Nachricht!

An valide Informationen über einzelne Straftaten oder Banden zu kommen, die über den Verkündungswillen der Behördenleitung hinausgehen, ist dagegen sehr aufwändig und zeitintensiv. Für tagesaktuell arbeitende Redaktionen ist es ein unmögliches Unterfangen, zumal Polizei und Staatsanwaltschaft bei laufenden Ermittlungsverfahren in der Regel dichthalten. Einen realistischen – gleichwohl sehr persönlichen – Blick auf den Zustand der

Kriminalitätsbekämpfung erlauben dagegen einzelne ehemalige Behördenmitarbeiter mit ihren Veröffentlichungen, wie der pensionierte Kölner Oberstaatsanwalt Egbert Bülles[19] oder Kerstin Heisig, die bis zu ihrem Tode Jugendrichterin an Deutschlands größtem Amtsgericht war, in Berlin-Tiergarten. Bis heute gilt sie wegen ihres mutigen Werks[20] und ihres Einsatzes gegen migrantische Intensivtäter als Tabubrecherin, die massiven Anfeindungen und politischem Druck ausgesetzt war. Ein gängiger Weg, über den Einblicke in die Berufswirklichkeit der Ermittler und die kriminellen Zustände im Land an die Öffentlichkeit gelangen, geht über die Berufsverbände von Polizisten und Staatsanwälten. Diese allerdings verfolgen dabei ausschließlich die Interessen ihrer Mitglieder, sodass am Ende jeder Einschätzung in der Regel die Forderung nach mehr Personal steht beziehungsweise einer besseren Ausstattung der Kollegen.

Die Lehren aus «Köln»

Die Silvesternacht von Köln hat in Deutschland einen gesellschaftlichen Schaden von ähnlicher Dimension verursacht wie ein Terroranschlag. Obwohl in Köln niemand getötet worden ist, hat diese Nacht den sozialen Frieden im Land massiv gestört. Dabei ist es unerheblich, dass die dort beteiligten Täter – anders als Terroristen – einen solchen Effekt mit ziemlicher Sicherheit nicht beabsichtigt haben. Ihnen ging es um persönliche Bereicherung, um Lust und Spaß auf Kosten der zumeist wehrlosen Opfer, mutmaßlich in dem Wissen wahrscheinlicher Straffreiheit.

Hunderte Frauen wurden im Umfeld des Hauptbahnhofs Opfer eines entfesselten Mobs. Die Übergriffe fanden aus etlichen Gruppen junger Männer vornehmlich aus den Maghreb-Staaten und aus dem arabischen Raum statt. Von den zahlreichen Anzeigen wegen Raub, Diebstahl, vor allem aber auch wegen sexueller

Nötigung und Vergewaltigung führten nur zwei zu einer Verurteilung – jeweils zu Bewährungsstrafen. Die Kölner Staatsanwaltschaft hatte die angezeigten Straftaten schon früh als Bandenkriminalität gewertet. Der Verdacht, dass sich zahlreiche Täter zu Raubzügen und damit einhergehenden sexuellen Vergehen verabredet hatten, konnte allerdings nicht gerichtsfest bewiesen werden. Gleichwohl steht er bis heute im Raum, zumal viele der Tatverdächtigen einem organisierten kriminellen Milieu im Rheinland mit hoher Fluktuation zugerechnet werden konnten. Deshalb stellt der Richter im ersten Prozess wegen sexueller Nötigung der seelisch angeschlagenen Zeugin Karin P., es geht hier auch um den Vorwurf des Diebstahls, diese Frage: «Ging es den Tätern um die sexuelle Nötigung, oder war das nur ein Ablenkungsmanöver?» – «Die Frage kann ich Ihnen leider nicht beantworten», sagt darauf die blonde Frau in dem adrett gepunkteten dunkelblauen Kleid. Mit einer Freundin war sie zum Silvesterfeiern nach Köln gefahren. Bis das Unheil vor ihrer Rückreise über sie und die Stadt kam.

Karin P. wurde das Portemonnaie aus der Hosentasche gestohlen, auch ihr Handy. Mit leiser Stimme spricht sie über den Moment, als sie in der Bahnhofshalle von einer «Traube aus acht oder zehn Männern umringt» wurde. «Ich hatte überall Finger», sagt sie: «Am Gesäß, an den Hüften, an der Taille. Um meine Brust zu schützen, habe ich meine Handtasche umklammert.» Dann macht sie eine Pause – und sagt: «Ich hatte richtig Angst.» Niemand im Verhandlungssaal hier am Kölner Amtsgericht zweifelt daran. Es herrscht eine bedrückte Stille. Man muss der Frau aufmerksam zuhören, um sie zu verstehen. Ihre Antworten kommen kurz und leise.

Ihr Handy wird schließlich in dem Zimmer von Farouk B. und Abderrahmane B. geortet. Offiziell waren die beiden Algerier erst im November als Flüchtlinge nach Deutschland gekommen. Wenige Wochen vor der Silvesternacht von Köln hatten sie jeweils einen Antrag auf Asyl gestellt. Sie geben sich als Brüder aus, ohne dass sie sich ähnlich sähen. Gleichwohl beide klein und schmächtig von Gestalt, hat der eine kurz geschnittene glatte schwarze Haare, der andere gelockte. Der eine ist sehr hellhäutig, der andere dagegen hat eine sehr viel dunklere Gesichtsfarbe. Auch die vorgegebenen drei Jahre Altersunterschied sind nicht ersichtlich. Die erfahrene Oberstaatsanwältin lässt durchblicken, dass sie zumindest an der Identität von Farouk B. zweifelt, konfrontiert ihn mit drei anderen Namen aus seiner Akte, kann aber den Beweis nicht liefern, dass der Mann, der ihr gegenübersitzt, nicht Farouk B. ist. Dieser wiederum lässt kurz über seinen Anwalt ausrichten, dass er zu den übrigen Namen nichts sagen wolle: Er heiße Farouk B., sei am 2. Januar 1990 geboren, von Beruf Frisör, ledig, keine Kinder. Damit ist das Thema erledigt. Die Staatsanwältin schaut resigniert auf ihre Hände.

Auf dem Mann, der behauptet, Farouk B. zu sein, lastet neben dem Diebstahlverdacht der Verdacht der sexuellen Nötigung. Er ist der erste Mann, der den mutmaßlich zahlreichen Sexualstraftätern aus der Silvesternacht ein Gesicht gibt. Vor der Verhandlung hieß es, Karin P. könne ihn möglicherweise als einen solchen identifizieren. Bislang wurden einige Männer in Köln unter anderem wegen Diebstahls in dieser Nacht verurteilt, die meisten von ihnen Flüchtlinge. Nach Aktenlage zusammenhangslose Einzeltaten. Beim Eintreten in den Gerichtssaal trug Farouk B. ein blütenweißes T-Shirt und verbarg sein Gesicht vor den Kameras mit einem Aktenordner. Nachdem diese den Saal verlassen hatten, zog er sich einen schwarzen Pullover über. Anfang Dezember waren die beiden bereits bei dem Versuch erwischt worden, auf einem Parkplatz ein Auto aufzubrechen. Die Polizei nahm ihre Daten auf, fotografierte beide und stellte den fälligen Strafantrag wegen versuchten schweren Diebstahls. Dann durften Farouk B. und Abderrahmane B. zurück in ihre Sammelunterkunft nach Kerpen bei Aachen. Keine drei Wochen später ist Silvester.

Auch für einen anderen mutmaßlichen Haupttäter von Köln, über dessen Fall wenige Tage vor dem Kölner Prozess der *Südkurier* aus Konstanz berichtet hatte, war die Silvesternacht nicht die einzige kriminelle Erfahrung. Der damals 19-jährige Asylbewerber aus Marokko hat sich aus Sicht der Kölner Staatsanwaltschaft der sexuellen Nötigung in einem besonders schweren Fall schuldig gemacht und war an einem Raub beteiligt. Gemeinsam mit anderen Männern soll er ein Paar auf der Kölner Domplatte umzingelt und den sexuellen Übergriff auf die Frau erst ermöglicht haben. Drei Tage nach Silvester wurde er bei einem Ladendiebstahl gefasst – und polizeibekannt, namentlich, mit Foto und Fingerabdrücken. Daraufhin hat die zuvor in Köln sexuell schwer genötigte Frau ihn auf dem Foto als mutmaßlichen Täter erkannt. Er wohnte ebenfalls in einer Flüchtlingsunterkunft bei Aachen – in Würselen. Vor seiner zu erwartenden Haft tauchte er allerdings ab und wurde mit europäischem Haftbefehl gesucht. Bis er vier Monate später erneut beim Ladendiebstahl gefasst wurde, diesmal in Konstanz am Bodensee, von einem Kaufhausdetektiv in einem Aldi-Supermarkt. Bei der Verfolgung über die nahe Grenze in die Schweiz konnte er festgenommen werden. Dort hatte er zuvor ebenfalls einen Asylantrag gestellt. Wenige Tage später schoben ihn die dortigen Behörden nach Deutschland ab – in die Untersuchungshaft nach Köln.

Während der Gerichtsverhandlung gegen Farouk B. und Abderrahmane B. wurde offensichtlich, dass es keine Gewissheit über die wahren Identitäten der Menschen gibt, die zuletzt in großer Zahl in Deutschland Zuflucht gesucht haben, und dass ungeklärte Identitäten ein Kriminalität begünstigender Faktor sein können. Fortan häuften sich die Beispiele, in denen Fälle vorgetäuschter Mehrfachidentitäten öffentlich bekannt wurden. Meist ging es dabei um die Erschleichung von Sozialleistungen aus Asylverfahren erfundener Personen. Das trifft etwa auf den Tunesier Bilel A. zu; er hatte sich als Asylbewerber in Leipzig, Mettmann und Berlin

2500 Euro erschlichen. Allerdings zeigt sein Fall auf besondere Weise, welche vielfältigen kriminellen Möglichkeiten und Gefahren hinter dem Identitätsproblem stecken, das die deutschen Behörden nunmehr mit zahlreichen Flüchtlingen haben, die in den vergangenen Jahren nach Deutschland gekommen sind. So berichtete *Spiegel Online* über den Fall Bilel A., nachdem er als Kontaktmann von Anis Amri in Berlin bekannt geworden war: Der tunesische IS-Terrorist Amri war selbst mit 14 Scheinidentitäten unterwegs, bevor er auf seiner geplanten Amokfahrt in einem Sattelschlepper über den Weihnachtsmarkt auf dem Berliner Breitscheidplatz zwölf Menschen tötete und 55 weitere zum Teil lebensgefährlich verletzte und auf der Flucht von einem Polizisten bei Mailand erschossen wurde. Bilel A. wurde keine vier Wochen vor dem Terroranschlag vom Amtsgericht Tiergarten zu sieben Monaten Gefängnis auf Bewährung verurteilt. Allerdings unter anderem Namen, einer Tarnidentität: Als Abu Bakir M., geboren 1991 in der Stadt Mansoura in Ägypten, hatte er zu Beginn desselben Jahres in einer Berliner Karstadt-Filiale einige T-Shirts, Jacken und eine Jeans gestohlen. Bei der Tat führte er Pfefferspray, eine Nagelzange und Nagelknipser mit sich – und machte sich deshalb des Diebstahls mit Waffen schuldig. Dazu muss man wissen, dass speziell Werkzeuge wie Nagelzange und Nagelknipser besonders von professionellen Ladendieben eingesetzt werden, die sich auf den Diebstahl hochwertiger Textilien spezialisiert haben. Sein wahrer Name, Bilel A., geboren 1990 im tunesischen Bizerte, taucht in dem Urteil nur als Aliasname auf.

Bereits im Jahr zuvor war Bilel A. wegen mehrerer Diebstähle in Sachsen zu Geldstrafen verurteilt worden. Für den weiteren Lebensweg des Mannes äußerte sich das Gericht dort optimistisch: «Es ist davon auszugehen, dass sich der Angeklagte die Verurteilung allein, ohne deren Vollstreckung, wird zur Warnung dienen lassen und zukünftig keine Straftaten mehr begehen wird.» Das also ist Teil der Realität in der Zeit, als auch die Prozesse gegen die mutmaßlichen Straftäter aus der Silvesternacht von Köln laufen. Und in der die hiesige Staatsanwaltschaft auch Zweifel an der Identität des Algeriers Farouk B. hat.

Schließlich fragt der Richter die Zeugin Karin P., ob sie Farouk B. als einen der Männer wiedererkenne, die in der Silvesternacht über sie hergefallen seien. Stille. Die Frau schaut lange konzentriert in das Gesicht des Angeklagten, der den Blick senkt. Sie lässt sich Zeit. Bis sie langsam ihren Kopf schüttelt. Mit dieser Bewegung entscheidet sie den Prozess wegen sexueller Nötigung. Selbst der Diebstahl ihrer Geldbörse und der Smartphones kann den beiden Angeklagten nicht nachgewiesen werden. Abderrahmane B. gab an, dass er das in seinem Zimmer gefundene Gerät nachträglich von einem Fremden gekauft habe. Beide Angeklagten werden lediglich wegen des versuchten Einbruchdiebstahls an dem Auto im Dezember und wegen Hehlerei verurteilt: zu sechs Monaten Haft auf Bewährung: «Wer nach Deutschland kommt und hier Asyl will und direkt straffällig wird, dem muss man zeigen: So geht das nicht!», begründet der Richter sein Urteil. Eine Geldstrafe sei deshalb nicht angemessen gewesen.

Bereits eineinhalb Jahre vor der Silvesternacht hatte die Polizei in Köln eine Ermittlungsgruppe «Casablanca» gegründet, nachdem man festgestellt hatte, dass die Hälfte aller in der Stadt ermittelten tatverdächtigen Taschendiebe aus Marokko kamen, zumeist Männer im Alter unter 30 Jahren. Aber erst nach den Ereignissen der Silvesternacht wurden diese Straftäter öffentlich in einem größeren Zusammenhang benannt. Etwa vom BDK in Nordrhein-Westfalen, laut dem «in Köln ein ganzes Kommissariat mit dem Thema befasst ist, weil man einfach festgestellt hat, dass die Fallzahlen so hoch und die Täter schwer zu ermitteln sind».[21] Auch dass es bei manchen Taten aus diesen spezialisierten Banden immer wieder zu sexuellen Belästigungen gegen Frauen kommt, war der Polizei im Rheinland bereits lange vor der Silvesternacht bekannt.

Nach einer wiederkehrenden Berichterstattung in den lokalen Medien über die so genannten Antänzer kümmerten sich seit spätestens Herbst 2014 auch Politik und Sozialverbände um die Täter vornehmlich aus den Maghreb-Staaten, Marokko, Tunesien und Algerien. Der Innenminister reagierte mit einem öffentlich geförderten Präventionsprogramm. Bei der Vorstellung eines entsprechenden Sozialprojekts hieß es, die Polizei gebe den Sozialarbeitern, die Arabisch sprächen, gezielt Hinweise, um welche Personen sie sich kümmern sollten. Dabei ging es um Sprachförderung und Hilfe im Schulalltag.[22] Im Zuge der politischen Aufklärung des «Turbulenzgeschehens» in Köln wurde eineinhalb Jahre später bekannt, dass mindestens zwei der Täter aus der Silvesternacht an genau diesem Sozialprojekt teilgenommen hatten. Dieser Zusammenhang wiederum spricht nicht grundsätzlich gegen die Wirksamkeit des Projektes. Er ist allerdings ein weiterer Beleg dafür, dass die Täter aus der Silvesternacht auch aus den Kreisen kamen, die für den drastischen Anstieg der Taschendiebstähle in Deutschland mit verantwortlich sind, und dass die zuständigen Politiker im Umgang mit dieser Entwicklung versagt haben. Die Verantwortlichen des betreffenden Sozialprojektes haben übrigens auf eine wiederholte Interviewanfrage für dieses Buch in den Monaten nach der Kölner Silvesternacht nicht reagiert.

Nach der Silvesternacht in Köln hat die öffentliche Empörung über die sexuellen Angriffe auf zahlreiche Frauen die Erkenntnis um die dahinterliegende strukturelle Eigentumskriminalität überlagert. Dazu beigetragen hat auch die anschließende ideologisch aufgeladene Debatte zwischen einer notorisch fremdenfeindlichen Klientel einerseits und denjenigen, die jeglichen Bezug zu der kulturellen Herkunft der Täter reflexhaft negiert haben, andererseits – etwa über den Vergleich mit der Dunkelziffer von Vergewaltigungen auf dem Oktoberfest in München, der das Geschehen von Köln relativieren soll.[23]

Die Abschlussbilanz des Bundeskriminalamtes (BKA) zu den Ereignissen von Köln führt 650 Frauen als Opfer von Sexualdelikten auf. Die hohe Zahl der ungesühnten sexuellen Übergriffe sorgte zunächst für ein weit verbreitetes Gefühl der Ohnmacht. Und das nicht nur bei den Opfern selbst, sondern bei Menschen im ganzen Land, die sich schutzlos einer Gruppe anonymer Täter ausgesetzt sehen, wie sie bei jeder Großveranstaltung plötzlich auftauchen kann – und wie es auch immer wieder passiert. Köln ist nur ein Beispiel von vielen, dessen politische Nachwirkungen bis heute andauern. In Hamburg, Berlin, Bielefeld, Düsseldorf und Essen gab es ähnliche Vorfälle.

«Seit den Vorkommnissen in der Silvesternacht in Köln werden auch in der öffentlichen Diskussion verstärkt kulturelle Prägungen, Regelakzeptanz und Risiken für die innere Sicherheit thematisiert.» Zu diesem Schluss kommt Renate Köcher auf der Grundlage ihrer Umfrageforschung. Aus Sicht vieler Mitarbeiter der Sicherheitsbehörden hat sich dadurch eine Blockade gelöst, die ihnen lange Zeit die Arbeit erschwert hat: «Köln hat uns geholfen», sagt rückblickend ein Ermittler, der sich seit Jahren mit bandenmäßiger Eigentumskriminalität beschäftigt. Schließlich würden die kulturellen Unterschiede auch bei der Tatbegehung eine Rolle spielen. Mit seinem Bekenntnis spiegelt der Ermittler das Seelenleben vieler seiner Kollegen wider. Im Nachgang zu Köln sah sich die Polizei auch in anderen Bundesländern ermutigt, eindeutige Zahlen zur Herkunft von mutmaßlichen Kriminellen zu veröffentlichen.

Das stark kriminalitätsbelastete Hamburg beispielsweise registrierte in den sechs Monaten nach der «Silvesternacht von Köln» 43 Prozent ausländische Tatverdächtige. Bei der Statistik waren die ausländerrechtlichen Vergehen bereits herausgerechnet, über die in der öffentlichen Debatte in der Regel eine Relativierung der Kriminalitätsbelastung unter Ausländern erfolgt. Der Anstieg ihres Anteils unter den Tatverdächtigen sei durch die starke Zuwanderung und die Aktivitäten von ausländischen Banden – etwa bei Wohnungseinbrüchen – zu erklären. Unter den ausländischen Tatverdächtigen wurden die Flüchtlinge gesondert erfasst. Demnach machten sie beim Taschendiebstahl fast ein Drittel aller ermittelten Tatverdächtigen aus. Bei Drogenhandel und Drogenschmuggel lagen sie etwas über einem Viertel.[24] Ein ähnliches Bild zeichnete das Innenministerium in Sachsen: Gemessen am Bevölkerungsanteil der Zuwanderer würden diese häufiger als Tatverdächtige in Erscheinung treten als der Durchschnitt der Bevölkerung. Dabei sei zu berücksichtigen, dass überproportional viele männliche Personen im Alter zwischen 20 und 30 Jahren zugewandert seien. Diese Bevölkerungsgruppe komme unabhängig von Staatsangehörigkeiten stärker mit Kriminalität in Berührung als der Durchschnitt der Bevölkerung.[25]

Zudem sind unter der großen Zahl der Flüchtlinge, die Deutschland in den vergangenen Jahren erreicht haben, in einigen Fällen auch solche, die einzig aus kriminellem Antrieb gekommen sind. So wie eine bundesweit aktive Bande aus georgischen Flüchtlingen, die innerhalb eines Netzwerkes der russisch-eurasischen organisierten Kriminalität agieren. Dazu heißt es in einem internen Lagebild des BKA: «In einer Vielzahl von Fällen lassen sich Verbindungen krimineller Gruppierungen zu georgischen Asylsuchenden und deren Unterkünften herstellen.» Das sächsische Innenministerium ergänzt: «Ein erheblicher Teil georgischer Zuwanderer reist unter Ausnutzung des Asylverfahrens gezielt in das Bundesgebiet ein, um organisiert Eigentumsdelikte zu begehen.»[26] Ähnliches gilt für Tatverdächtige aus den Maghreb-Staaten sowie organisierte Banden aus Moldawien, deren Mitglieder in Deutschland einen Antrag auf Asyl gestellt haben. Zahlenmäßig überrepräsentiert sind bei den ermittelten Tatverdächtigen aus der jüngsten Einwanderungsbewegung überdies Zuwanderer aus Serbien, Kosovo, Nigeria, Mazedonien und Albanien, hält der BDK fest. Die Gewerkschaft der Kriminalbeamten resümierte in ihrer

Stellungnahme zur Kriminalstatistik des Bundes schließlich, dass «zahlreiche Personen oftmals unkontrolliert im Zuge der Flüchtlingsbewegung zu uns eingereist sind, die hier in einem großen Umfang, teilweise als Intensivtäter, Straftaten begehen».[27]

Zu ihnen gehört auch jener Mann, der einige Monate vor «Köln» an der Warschauer Brücke im Berliner Party-Kiez in Friedrichshain eine Zivilpolizistin k. o. geschlagen hat. Sein Fall wurde – dem Vernehmen nach – vor allem aus dem Grund der Öffentlichkeit vorenthalten, weil die zuständigen Kollegen der Beamtin den Zeitpunkt der Tat, auf dem Höhepunkt der Flüchtlingswelle, für ungeeignet erachteten. Es war also aus Sicht der Behörden nicht die richtige Zeit, um über einen gewalttätigen «Antänzer» aus Marokko zu informieren. Über einen organisierten Taschendieb, der einer jungen Polizistin nachts bei seiner Festnahme einen gezielten Faustschlag ins Gesicht verpasste, vom dem sich die Frau für einige Tage im Krankenhaus erholen musste. Und der mutmaßlich auch Teil einer jener Banden ist, die Abschnitte der beliebtesten Partymeile der Republik – zwischen Warschauer Brücke und dem Kottbusser Tor in Kreuzberg – zu einem der am stärksten kriminalitätsbelasteten Orte des Landes gemacht haben. Der Nachrichtenwert dieses Sachverhalts ist rückblickend offensichtlich und der Fall war beispielhaft. Zum einen, weil die Polizistin es in ihrem Dienst zuvor bereits regelmäßig mit solcher aus Nordafrika stammenden, aggressiven organisierten Klientel zu tun hatte. Zum anderen hätte man weitere potentielle Opfer, vor allem Passanten, vor diesem Täterkreis aktiv warnen müssen. Das aber wurde unterlassen. Und dann kamen die Ereignisse von Köln.

Dort hatte zuvor ein ähnlicher Mechanismus staatlicher Kommunikation geherrscht. Die Klientel, um die es ging, war die gleiche. Polizisten in ganz Deutschland, vor allem aber im Rheinland, hatten sie längst als aggressiv und hochkriminell ausgemacht. Auch in den Haftanstalten in Nordrhein-Westfalen hatte man zu diesem Zeitpunkt einschlägige Erfahrungen mit dieser Sorte von Straftätern gemacht. Aber auch darüber wurde erst nach «Köln» öffentlich gesprochen. Ein Mitarbeiter aus einer Justizvollzugsanstalt (JVA) der Region bemängelt das. Er sagt, dass seine Anstaltsleitung seit Jahren bewusst dafür gesorgt habe, dass Ausfälle unter ausländischen Insassen nicht zum Thema gemacht wurden. Unterdessen sprach der Leiter der Bielefelder JVA das Problem nunmehr offen an – nach Köln. 60 Prozent der Insassen seiner Einrichtung seien nicht in Deutschland geboren. «Aber wir haben besonders mit dem arabisch sprechenden Teil unserer Gefangenen große Probleme», sagte er seiner Lokalzeitung.[28] «Viele dieser Insassen verhalten sich sehr auffällig und akzeptieren keinerlei Regeln.» Ähnliches hätten zuvor schon seine Kollegen in den Anstalten Hamm und Bochum berichtet.

Es gab zahlreiche Menschen, die sicher wussten, mit welcher Art von fluider Tätergruppe man es in der Silvesternacht zu tun hatte. Andere hatten eine begründete Ahnung davon. Aber die Landesregierung und das verantwortliche Innenministerium in Düsseldorf entschieden sich für eine Nachrichtenblockade, die der zeitgemäßen politischen Kultur entsprach. Hat sich diese doch durch die langen Jahre der großen Koalition nachhaltig verändert: Probleme werden «weggemerkelt», rhetorisch geschickt minimiert, statt sie offen zu diskutieren, heißt es dazu pointiert in einer viel beachteten Studie, die von der gewerkschaftlichen Otto Brenner Stiftung veröffentlicht wurde. Und dieses scheinbar konfliktfreie Klima hat sich auch auf die Medien übertragen. In den ersten Tagen der Berichterstattung zu Köln war dieser Zusammenhang sehr gut zu beobachten: Die Politik bremste, die Redaktionen erstarrten. Und dann folgte auf Neujahr noch ein arbeitsfreies Wochenende, an dem die politische Nachrichtenblockade unkontrolliert von einer unreflektierten Informationsflut aus den sozialen Medien überspült wurde, zumal die Zahl der Augenzeugen in diesem Fall sehr hoch war und jeder einzelne Facebook-

oder Twitter-Nutzer heute ein mächtiger Multiplikator sein kann – ein Mechanismus, der von den verantwortlichen Sicherheitsbehörden bei diesem Ereignis ganz sicher unterschätzt worden ist. Seither versucht die Polizei in ganz Deutschland mit hohem Aufwand, frühzeitig in den sozialen Medien die Deutungshoheit über Kriminalität, Krisenszenarien und Großveranstaltungen zu erlangen, um auch dort staatliche Kontrolle auszuüben.

In der zitierten Studie heißt es noch, dass auf viele Menschen die klassischen Medien wie ein monolithischer Block zu wirken scheinen, der zu bestimmten Themen eine Art von Einheitsmeinung verbreitet und Widersprüche nicht zulässt. Unumstritten ist inzwischen wohl der auch hier dargestellte Doppelbefund. Erstens: dass für viele die Nähe zwischen Politik und Medien nicht mehr von der Hand zu weisen ist, und zweitens: dass in zentralen Fragen die Kluft zwischen veröffentlichter und öffentlicher Meinung größer geworden ist.[29] Dieser Effekt hat sich durch die Ereignisse von Köln beziehungsweise durch den öffentlichen Umgang damit ganz offensichtlich noch weiter verstärkt.

Ganz gleich ob marokkanische oder algerische Antänzer, serbische Einbrecherbanden, polnische Autodiebe und Zigarettenschmuggler, litauische Fahrraddiebe oder Juwelenräuber, rumänische Taschendiebe, bulgarische Geldfälscher, libanesische oder albanische Drogendealer, russische Waffenhändler, kroatische oder italienische Schutzgelderpresser, bosnische Mädchenhändler. Sie alle sind keine Erfindung populistischer Demagogen, sondern das Ergebnis einer zunehmend globalisierten Welt. Eine der gängigen Erklärungen für die kriminelle Hinwendung nach Deutschland etwa aus den jüngsten EU-Beitrittsstaaten lautet: Wohlstandsgefälle. Anders ausgedrückt: Haben Polen und Rumänien erst einmal wirtschaftlich zu Deutschland aufgeschlossen, stellt sich die Kriminalität von dort selber ein. So lautet eine These, die von vielen Politikern, auch von einigen renommierten Wissenschaftlern vertreten wird.

Aber der Beweis dieser These steht ebenso aus wie der endgültige Gegenbeweis. Zwar verfügt Polen über eine wachsende prosperierende Wirtschaft, und die Lebensverhältnisse vieler unserer dort lebenden Nachbarn haben sich seit dem EU-Beitritt 2004 deutlich verbessert. Eine Angleichung an die deutschen Verhältnisse ist aber nur stellenweise in Großstädten wie Warschau, Posen oder Danzig zu beobachten, ansonsten ist man davon noch weit entfernt. Die Zahl der aus Polen stammenden Straftäter ist dagegen ungebrochen; beim Autodiebstahl stellen sie noch immer die größte Zahl der Tatverdächtigen. Alleine in der Grenzregion von Brandenburg zu Polen wird täglich ein polnischer Tatverdächtiger verhaftet, und das häufig wegen eines Kfz-Deliktes. Aber auch auf den lukrativen organisierten Fahrraddiebstahl in Deutschland haben sich polnische Täter seit einigen Jahren spezialisiert. Die eher abfällig verwandte Redewendung «kaum gestohlen, schon in Polen» trifft – bezogen auf gestohlene Autos, Lastfahrzeuge, Bau- oder Landmaschinen – leider noch immer zu. Dabei ist es gleich, ob sie für den polnischen Markt bestimmt sind, oder ob Polen für dieses Stehlgut selbst nur als Transitland genutzt wird. Im Übrigen sind besonders viele Banden aus dem kleinen Litauen in dieses Delikt verwickelt. Gelegentlich sind auch multinationale Banden aktiv, auch unter Beteiligung deutscher Täter. In vielen Fällen agieren deutsche Staatsbürger mit entsprechendem Migrationshintergrund als Residenten, die sich um die Logistik der Diebe hier in Deutschland kümmern.

Ähnlich verhält es sich bei vielen Betrugsdelikten, die immer mehr von organisierten Banden ausgehen: So zum Beispiel bei der einträglichen Masche des «Enkeltricks», die bandenmäßig vor allem aus Polen gesteuert wird, auch aus der Türkei. Dabei geben sich Trickbetrüger gegenüber zumeist älteren Menschen als nahe Verwandte aus. Unter einem Vorwand überreden sie ihre Opfer dann zur Herausgabe von Bargeld, Schmuck oder anderen Wertgegenständen. Auf diese Weise erbeuteten die Banden in den vergangenen Jahren mehrere Millionen Euro in Deutschland und einigen Nachbarländern. Auch der organisierte Pflegebetrug durch russische Banden läuft in Deutschland über Residenten aus dieser Sprachgruppe: Einzelne Pflegefirmen geben Senioren als Pflegefälle aus, die tatsächlich keine sind. Damit werden Krankenkassen um hohe Beträge geprellt. In einigen Fällen konnten die Betreiber russischer ambulanter Pflegedienste durch das BKA «der russischeurasischen organisierten Kriminalität zugeordnet werden». In einem BKA-Bericht dazu heißt es, dass es in Deutschland vor allem dort zu solchen Betrügereien kommt, wo sich «durch Sprachgruppen geschlossene soziale Systeme bilden, also vorwiegend in Regionen mit einem hohen Bevölkerungsanteil an russischsprachigen oder -stämmigen Personen».

Raus aus der politisch korrekten Komfortzone

Kein Mensch ist qua seiner Nationalität oder ethnischen Herkunft kriminell. Das zu behaupten wäre purer Rassismus. Die Herkunft der Täter ist vordergründig einerlei. Deutschland ist das erklärte Ziel zahlreicher krimineller Banden, die sich bewusst hier tummeln, weil für sie die Bedingungen in unserer wohlhabenden freiheitlichen Demokratie ideal erscheinen. Durch Wegnahme wollen sie an dem Wohlstand teilhaben, ohne etwas dafür zu geben. Auch der deutsche Rechtsstaat gefällt ihnen, in dem die Polizei einer demokratischen Kontrolle untersteht. Reisende Straftäter berichten, dass sie in ihren Herkunftsländern nach Festnahmen regelmäßig von Polizisten geschlagen werden. Dagegen gilt die deutsche Polizei unter Straftätern in der Regel als friedfertig. Schläge dürften hier die absolute Ausnahme sein. Auch die deutsche Justiz genießt bei Kriminellen aus dem Ausland einen guten Ruf. Der Strafvollzug ist human, die materielle und gesundheitliche Versorgung der einsitzenden Straftäter ist gut, und das vorrangige Ziel der Haft ist es, die Täter zu resozialisieren, nicht zu bestrafen. Unter vielen ausländischen Straftätern gilt es als höchste Strafe, in einer Justizvollzugsanstalt von eigenen Landsleuten oder Inhaftierten aus dem gemeinsamen Sprachraum getrennt untergebracht zu sein. Viele Kriminelle, die nach Deutschland kommen, wissen, dass sie es hier im schlimmsten Fall mit einem demokratischen Rechtsstaat zu tun bekommen. Dieser Umstand soll nicht als Plädoyer dagegen verstanden werden. Aber er erklärt einen weiteren Faktor, der Deutschland für Täter aus dem Ausland attraktiv macht. Er erklärt auch, warum aus Deutschland allmählich ein Bandenland werden konnte.

Nun stellt sich die berechtigte Frage, ob in Zusammenhang mit Kriminalität überhaupt die Nationalität oder die ethnische Herkunft der Täter genannt werden sollte. Dazu gibt es eine grundsätzliche und wichtige Zurückhaltungsempfehlung für Journalisten, die der Deutsche Presserat in seinem publizistischen Kodex als Selbstverpflichtung formuliert hat. Der Deutsche Presserat ist eine Organisation der großen deutschen Verleger- und Journalistenverbände, die für die Pressefreiheit und die Wahrung des Ansehens der deutschen Presse eintritt. Sein Pressekodex gilt unter den Redakteuren und publizistischen Mitarbeitern etablierter Medien als verbindliche ethische Grundlage. Dort heißt es: «In der Berichterstattung über Straftaten wird die Zugehörigkeit der Verdächtigen oder Täter zu religiösen, ethnischen oder anderen Minderheiten nur dann erwähnt, wenn für das Verständnis des berichteten Vorgangs ein begründbarer Sachbezug besteht» (Pressekodex, Punkt 12.1.).

Nach den Ereignissen der Kölner Silvesternacht gab es den Versuch, diesen Grundsatz zu ändern, möglicherweise sogar zu streichen. Der Versuch ist mit einer deutlichen Abstimmung im Presserat gescheitert. Geblieben allerdings ist die Unsicherheit in vielen Redaktionen, wie der «begründbare Sachbezug» auszulegen ist. So ist es einerlei, welcher Herkunft beispielsweise ein Tankbetrüger ist. Bei der Meldung über die Fahndung nach einer flüchtigen Bande von Bankräubern könnte eine präzise Täterbeschreibung allerdings hilfreich sein, sofern sie eindeutig ist. Zum Verständnis verschiedener Gruppen der organisierten Kriminalität ist die Nennung der nationalen oder ethnischen Herkunft unerlässlich. Das ist bei internationalen Schlepperbanden ebenso der Fall wie bei der grenzüberschreitenden Kriminalität, der italienischen Mafia, bei kriminellen arabischen Großfamilien oder Roma-Clans, die aus ihrem geschlossenen kulturellen Kontext heraus organisiert Straftaten begehen.

Es bleibt also eine Abwägungssache, wie der «begründbare Sachbezug» auszulegen ist. Der *Kölner Stadtanzeiger* entschied sich frühzeitig dafür, die nordafrikanischen Täter aus der Silvesternacht als solche zu benennen, weil man die Herkunft als relevant im Tatzusammenhang bewertet hatte. Manche kritisierten dies als Stigmatisierung einer Minderheit. Wer die mutmaßliche Herkunft oder Nationalität der Tatverdächtigen aus der Silvesternacht aber nicht nannte, dem wurde wiederum der Vorwurf gemacht, wichtige Informationen verschwiegen zu haben.[30] Und immer mehr Menschen sind auf der Suche nach dem Gegenbeweis im Internet: Dort ist jede Pressemitteilung der Polizei zu finden. Steht dort beispielsweise «nordafrikanische Herkunft» über die Tatverdächtigen, aber eine Redaktion übernimmt diesen Hinweis – aus welchem Grund auch immer – nicht, dann steckt sie in der Glaubwürdigkeitsfalle derer, die ohnehin an der Berichterstattung zweifeln. Bei dem Mediennutzer jedenfalls kann das ein Gefühl der Bevormundung und des Manipuliertwerdens auslösen. Dieser Zusammenhang wurde zwar nach der Silvesternacht besonders deutlich. Aber längst ist er allgemein gültig. Wer früher die Welt nur durch die «Tagesschau» und seine Regionalzeitung wahrnahm, der stößt nun im Web auf Sachverhalte, die in den Medien überhaupt nicht vorkommen, weil Journalisten sie aussortiert oder übersehen haben – und wird misstrauisch.[31]

Wie bereits dargelegt, sind Journalisten in der Regel auf das angewiesen, was die Polizei ihnen mitteilt. Deshalb bleibt ihnen manchmal auch gar nicht die Wahl, Informationen über die Herkunft der Täter wegzulassen oder nicht. So hat die rot-grüne Landesregierung in Rheinland-Pfalz bereits 2011 eine entsprechende «Zielvereinbarung» für die Landespolizei erlassen, nach der über Nationalität nur noch dann informiert wird, wenn dafür ein «polizeiliches Erfordernis vorliegt». Etwa bei einer Fahndung, für die man auf die Mithilfe der Medien setzt. Nach den Ereignissen von Köln sah sich die oppositionelle CDU-Fraktion im Mainzer Landtag zu einer Kritik an dieser Vorgabe veranlasst, die sie in einer Pressemitteilung wie folgt formulierte: «Über die Herkunft von Straftätern müssen wir offen reden – gleich, ob es sich um Deutsche oder Nicht-Deutsche handelt. Das ist die Voraussetzung für eine sachliche Analyse und die Bekämpfung von Ursachen. Im Hinblick auf Migranten ist das in der Vergangenheit nicht geschehen – aus Angst Ressentiments zu schüren. Die Nennung der Nationalität hat aber nichts mit Diffamierung zu tun, sondern dient der Meinungsbildung und Lageeinschätzung.»

An die Adresse des Landesinnenministers und obersten Dienstherrn der Polizei in Rheinland-Pfalz formulierte die CDU-Fraktion einen naheliegenden Vorwurf: «Es ist doch vollkommen klar, dass in einem solchen Meinungsklima sofort bei jedem Polizisten die Schere im Kopf einsetzt, wenn er prüfen soll, ob die Nennung der Nationalität eines straffälligen Migranten notwendig ist.»[32] Ganz gleich wie relevant es ist, wird kein Beamter bei kriminellen Clans öffentlich von «Roma» sprechen, auch nicht, wenn es für das Verständnis des Sachbezugs erheblich ist. Er wird möglicherweise von rumänischen oder anderen «Staatsangehörigen» sprechen, weil sich die Polizei dauerhaft dem Vorwurf eines strukturellen Rassismus ausgesetzt sieht. Dass es aber oftmals organisierte Roma-Clans sind, die in reisenden Banden auf groß angelegte Klautouren gehen und somit für einen maßgeblichen Teil der Eigentumskriminalität in Deutschland verantwortlich zeichnen, bleibt unausgesprochen. Die politische Korrektheit schützt somit eine maßgebliche Variante der organisierten Kriminalität, in die Tausende von Kindern hineingeboren und gleichermaßen zu Opfern ihrer Herkunft werden – und zu Kriminellen. Weil das Problem nicht klar benannt werden darf, kümmert sich kaum jemand um eine Lösung.

Mit der Schere im Kopf verhält es sich ähnlich wie bei Polizisten auch bei Journalisten: Ganz gleich ob es einen «begründbaren Sachbezug» gibt, die Herkunft der Täter zu nennen oder nicht: Im Zweifel verzichten viele Journalisten lieber darauf, weil sie keinen Fehler machen wollen. Oder weil sie die eigene wohlmeinende Haltung über die journalistische Relevanz stellen, die sie möglicherweise auch nicht erkennen. Wenn sie diese Frage erst gar nicht aufwerfen, vermeiden sie eventuell auch einen zu erwartenden Konflikt in der eigenen Redaktion. Auf diese Weise gedeihen Probleme in der politisch korrekten Komfortzone.

Der Preis der Freiheit

André Schulz lebt von seinem feinen Gespür für die innere Sicherheit. Der Mann versteht sehr gut, in welche Richtung die Debatte in Deutschland läuft. Als Kriminalpolizist weiß er, was dringend nötig wäre – auch in der Bekämpfung der organisierten Kriminalität. Als Funktionär weiß er aber auch, was davon politisch durchzusetzen ist. Und dazwischen liegt ein weites Feld, das er als Vorsitzender des Bundes Deutscher Kriminalbeamter (BDK) fortlaufend beackert. Seine unabhängige Gewerkschaft vertritt rund 15 000 Kriminalbeamte. Bezogen auf den Aufwand, den der Staat in der Kriminalitätsbekämpfung betreibt, findet Schulz eine diplomatische Antwort, die dennoch keine Frage offenlässt: «Wenn man sich in die Rolle von Politikern versetzt, müssen sie natürlich überlegen, wofür sie ihr Geld ausgeben», sagt er. «Denn der Haushalt ist ja begrenzt. Und die Ausgaben müssen sie später auch verantworten. Danach legen sie dann ihren Schwerpunkt: für Soziales, Bildung oder eben für die Sicherheit.» Andererseits sei die Polizei meistens erfolgreich, wenn der Staat ihr alle Möglichkeiten an die Hand gebe. So wie bei den großen Verfahren der organisierten Kriminalität, die häufig zu einem Ermittlungserfolg führen, zumindest in Deutschland. Hintermänner im Ausland werden nur selten gefasst. Die Ermittlungen greifen damit meist zu kurz. Sie bekämpfen zwar die Symptome, aber die Kriminalität wächst nach.

Wenn es hierzulande um Kriminalitätsbekämpfung geht, ist

André Schulz oft mit dabei: im BKA ebenso wie in den Bundesministerien der Justiz und des Inneren. Deshalb sitzt er in einem Büro im Nikolaiviertel. Hier, in Berlin-Mitte, werden auf einer Fläche von knapp zwei Quadratkilometern die entscheidenden politischen Fragen des Landes erörtert. Eine solche hatte er selber vor der Erweiterung des Schengen-Raumes um einige neue EU-Mitglieder aus Osteuropa an den damaligen Bundesinnenminister Wolfgang Schäuble (CDU) gestellt. Damals, im Dezember 2007, fielen die Grenzkontrollen an den Übergängen zu Polen und Tschechien weg. Dreieinhalb Jahre nach der EU-Osterweiterung um diese beiden Länder sowie um acht andere. Die Kontrollen entfielen also an genau den Stellen, an denen seit dem Zusammenbruch des Ostblocks schon jahrelang viele Kriminelle zum Tatort Deutschland anreisten. Und wo wiederum vieles, das hier gestohlen wird, das Land verlässt. André Schulz, der freigestellte Erste Kriminalhauptkommissar vom Landeskriminalamt (LKA) Hamburg, fragte deshalb: «Wie wollen wir kompensieren, dass auch Straftäter die volle Freizügigkeit nutzen, geht das überhaupt?», erinnert er sich in der breiten Aussprache des Holsteiners. «Da hat man vom Bundesinnenminister klar die Ansage bekommen, dass das nicht gehen wird. Diesen Preis müsse man für die Freizügigkeit zahlen. Es ist der Preis der Freiheit.» Das sei eben eine politische Entscheidung gewesen.

Der Freizügigkeit im Verkehr von Personen und Waren maß die Bundesregierung auch mit dieser Entscheidung ein übergeordnetes Interesse bei, hinter dem die Sicherheit zurückstand. Es war eine einfache Kosten-Nutzen-Abwägung, bei der die wirtschaftliche Ausrichtung Deutschlands als Exportnation den Ausschlag gab. Die Kosten gingen zu Lasten der Sicherheit und wurden in Kauf genommen, wie der damalige Bundesinnenminister auch an anderer Stelle einräumte. «Mit seiner exportorientierten Wirtschaft profitiert Deutschland stark von der Öffnung nationaler Märkte. Gleichzeitig bergen diese Prozesse auch Risiken in sich», sagte Schäuble und benannte diese in einer Rede vor politischen Freunden: «Wie die Wirtschaft agieren auch Kriminelle zunehmend grenzüberschreitend, globalvernetzt. Schon beim einfachen Autodiebstahl werden die Diebe ihre Beute in ein anderes Land verfrachten und dort abstoßen, wenn sie ein wenig Grips haben.»[33] Seit jeher orientieren sich Kriminelle auf der ganzen Welt an den gängigen Handelsströmen. Die Osterweiterung der EU, viel mehr noch der zeitversetzte Wegfall der Grenzen dehnen nach dieser Logik das Betätigungsfeld der organisierten Kriminalität aus.

Nirgendwo spaltete die Freizügigkeit mehr als unmittelbar an der Grenze zu Polen und Tschechien. In einer Gegend, die seit Jahren schon von der Grenzkriminalität aus der Nachbarschaft betroffen war, die von Dieben aus den Dörfern und Städten gleich hinter der Grenze heimgesucht wurde, aus Legnica, Żary, Lubsko, Gorzów Wielkopolski. Aus einer auch für polnische Binnenverhältnisse strukturschwachen Gegend, in der es in bestimmten Kreisen eine gängige Einkommensquelle ist, in der deutschen Nachbarschaft zu stehlen. Ganz unabhängig von den meisten anderen Banden aus Osteuropa, die nur auf der Durchreise durch die Grenzregion kamen: in die deutschen Städte und Ballungszentren weit weg von der Grenze.

Deshalb trafen sich bereits am Vorabend der EU-Osterweiterung die besorgten Kriminalisten des BDK in einem schmucklosen Autobahnhotel an der A12 bei Frankfurt (Oder), drei Kilometer vor der Grenze zur Republik Polen, um über die Kriminalitätsentwicklung in der um 75 Millionen Menschen anwachsenden Union zu diskutieren. Vor der Tür wummerte eine Kolonne Lastwagen aus aller Herren Länder auf der rechten Spur, deren rückgestautes Ende auch an diesem Tag bis in die Ausläufer des Berliner Hauptstadtverkehrs hineinreichte. Das übliche Standbild vor der Osterweiterung der Europäischen Union (EU) am 1. Mai 2004. Ein Datum, das Handel und Verkehr mit Freude erfüllte;

deutsche Polizisten dagegen mit Sorge vor einer wachsenden Kriminalität. Drinnen war die Stimmung unter den Tagungsteilnehmern in Teilen sehr aufgewühlt. Einige befürchteten, dass Heerscharen osteuropäischer Krimineller nach der EU-Erweiterung Westeuropa überfluten würden.

Schließlich stieg der Anteil festgestellter Straftäter aus Osteuropa in Deutschland seit Beginn der 1990er Jahre ständig an. Rund ein Drittel aller beim BKA registrierten OK-Verfahren wiesen im Jahre 2002 personelle Bezüge nach Polen, Litauen und in die Tschechische Republik auf. Schwerpunkte der polnischen Gruppierungen waren die Kfz-Kriminalität und der Warenschmuggel. Dabei wirkte sich die geografische Nähe ebenso begünstigend aus wie der Umstand, dass sich viele Polen inzwischen in Deutschland niedergelassen hatten, auch solche mit deutscher Staatsangehörigkeit. Als Residenten konnten sie Kontakte vermitteln, für Unterbringung sorgen und die kriminellen Aktivitäten der Banden so unterstützen.[34] Die europäische Polizeibehörde EUROPOL wies bei der Tagung an der Grenze noch auf eine weitere Gefahr hin, die bald schon auf die Staatengemeinschaft zukommen würde: die besondere Dynamik krimineller Organisationen aus Rumänien und Bulgarien. Länder, die drei Jahre später ebenfalls der EU beitreten würden.

Aber solche Zusammenhänge fanden zu dieser Zeit nur selten den Weg aus den Analysen der Kriminalisten in die Öffentlichkeit. Stattdessen betonten Politiker in Erinnerung an das historisch belastete deutsch-polnische Verhältnis stets, wie gut die gegenseitige Zusammenarbeit nunmehr funktioniere. Um die ohnehin schwierige Nachbarschaft in dieser entscheidenden Phase der politischen Annäherung nicht zu belasten, wurde das Thema «grenzübergreifende Kriminalität» lange Zeit einfach ausgeblendet oder geschickt umfahren. Im öffentlichen Diskurs wurde es mit einem unausgesprochenen Tabu belegt, das bis heute wirkt. Zumindest auf deutscher Seite wird sich kein Funktionsträger aus Politik oder Sicherheitsbehörden finden, der seine polnischen Gegenüber öffentlich kritisiert – auch, weil er sonst interne Repressionen befürchten müsste.

In diesem kalkulierten Klima politischer Harmonie wurde einige Wochen nach der Tagung an der Grenze der Beitritt der zehn neuen Mitgliedsstaaten vollzogen: Estland, Lettland, Litauen, Malta, Polen, Slowakei, Slowenien, Tschechien, Ungarn und Zypern gehörten fortan zur EU, die über Nacht 75 Millionen Bürger mehr hatte. Die Außenminister Deutschlands und Polens öffneten in einem feierlichen Akt den bis dahin am meisten genutzten Grenzübergang zwischen ihren beiden Ländern: auf der Stadtbrücke über die Oder von Frankfurt ins gegenüberliegende Słubice. Von nun an reichte der Personalausweis aus, um die Grenzübergänge in die neuen EU-Staaten zu passieren. Entgegen der allgemeinen Wahrnehmung fanden bis zur Öffnung des Schengen-Raumes zu den neuen Mitgliedsstaaten dreieinhalb Jahre später aber nach wie vor Grenzkontrollen statt, in der Regel gemeinsam vorgenommen durch Grenzpolizisten zweier Länder. Noch war es eine gebremste Freizügigkeit. Mit Ausnahme der Mittelmeerinsel Zypern wurden die Grenzen zwischen diesen Staaten schließlich im Dezember 2007 geöffnet. Im selben Jahr, in dem Bulgarien und Rumänien zur EU stießen. Danach erfuhr die organisierte Kriminalität in Deutschland ihren größten Schub seit den wilden 1990er Jahren. Er dauert bis heute an.

Zwar hatten die Schengen-Staaten zu Fahndungszwecken das Schengener Informationssystem (SIS) geschaffen, das schengenweite Personen- und Sachdaten umfasst. Auch wurden eine «enge polizeiliche und justizielle Zusammenarbeit» sowie eine «gemeinsame Bekämpfung der Betäubungsmittelkriminalität» vereinbart.[35] Aber der gemeinsame Datenzugriff ermöglichte längst noch keine gemeinsamen Ermittlungen: Die enge Zusammenarbeit war – bis auf Einzelfälle – zunächst nur ein in europäisches Geschenkpapier verpackter politischer Wille. Es blieb also die

Angst bei vielen Bürgern. Ein Faktor, dessen sich der damalige Bundesinnenminister Wolfgang Schäuble durchaus bewusst war. Ein halbes Jahr nach der Erweiterung des Schengen-Raumes ging er darauf ein. Allerdings mit einem unglücklichen Vergleich, der in der Sache völlig verfehlt war: «Natürlich weiß ich um die Befürchtungen der Bürger in den grenznahen Regionen. In meinem Heimatwahlkreis an der Grenze zu Frankreich gab es bei der Schengen-Gründung ähnliche Vorbehalte in der Bevölkerung, die sich alle nicht bewahrheitet haben.» Mit dieser unzulässigen Relativierung angesichts eines enormen Kriminalitätsdrucks aus Osteuropa leitete er seine verharmlosende Zwischenbilanz ein: «So ärgerlich jedes einzelne Diebstahlsdelikt auch ist, so absurd ist es auch, dafür die Schengenerweiterung verantwortlich zu machen.»[36] Er kam zu dem Schluss, dass die Erweiterung nicht den befürchteten Anstieg der Kriminalität gebracht habe.

Ein folgenreicher Trugschluss. Oder eine bewusste Täuschung der Menschen, die Schäuble angesichts des übergeordneten Ziels in Kauf nahm. Zumindest hatte es für die Verantwortlichen keine unmittelbaren Konsequenzen, dass sie nicht öffentlich über das abzusehende Problem der wachsenden Kriminalität informierten, das dann wiederum fast so drastisch auftrat, wie es die Pessimisten unter den Teilnehmern der Kriminalisten-Tagung an der Grenze erwartet hatten. Und auch EUROPOL sollte recht behalten in seiner Einschätzung des kriminellen Potenzials, das nach dem Beitritt Rumäniens und Bulgariens hinzukommen würde. Zum Beispiel in Köln, das sich reisende Banden aus Osteuropa anschließend als eines der wesentlichen Einbruchsreviere unter den deutschen Großstädten ausguckten. Zwei Drittel aller dort ermittelten tatverdächtigen Einbrecher sind Roma. Früher waren etwa 80 Prozent der Täter Ortsansässige; inzwischen hat sich dieses Verhältnis umgekehrt.[37] Ähnlich sieht es im benachbarten Ruhrgebiet und in Berlin aus, wo reisende Roma-Banden wesentlich mit verantwortlich dafür sind, dass die Einbruchszahlen seit der

Schengen-Erweiterung und dem EU-Beitritt von Rumänien und Bulgarien gestiegen sind.

Es ist wohl einer der Gründe dafür, weshalb Elmar Brok (CDU), der langjährige Vorsitzende des Ausschusses für Auswärtige Angelegenheiten des Europäischen Parlaments, die EU rückblickend mit dem Beitritt dieser beiden Länder zu diesem Zeitpunkt überfordert sah. In der Folge stellte sich die Bundesregierung gemeinsam mit ihren französischen Partnern jahrelang gegen eine frühzeitige Aufnahme Rumäniens und Bulgariens in den Schengen-Raum. Die Innenminister Deutschlands und Frankreichs warnten gar in einem gemeinsamen Brief an die EU-Kommission vor einem verfrühten Beitritt. Sie fürchteten um die innere Sicherheit in der EU und verlangten, dass die beiden Schengen-Kandidaten zunächst ihre Defizite in der Bekämpfung von Korruption und organisierter Kriminalität beseitigten – wohl auch als Lehre aus der voreiligen Öffnung des Schengen-Raumes im Jahr 2007. Die offizielle Reaktion aus Rumänien auf den Brief der beiden Innenminister fiel heftig aus: In Bukarest sah man darin einen «Akt der Diskriminierung gegen Rumänien». Aber seither gibt sich Rumänien in der europäischen Polizeizusammenarbeit als Musterschüler, zumal in der Kommunikation mit französischen und deutschen Sicherheitsbehörden. Die Polizeiattachés der rumänischen Botschaften in Paris und Berlin bemühen sich bei jeder sich bietenden Gelegenheit, den Eindruck zu vermitteln, dass ihr Land die westeuropäischen Sicherheitsbehörden im Kampf gegen die aus Rumänien einreisenden Banden unterstützt.

Denn mit den Vorzügen der Freiheit haben auch viele Delikte seit der Schengen-Erweiterung bundesweit wieder zugenommen. Zwar wurde das Ausmaß der wilden Nachwendejahre bislang noch nicht erreicht, in denen phasenweise gesetzlose Zustände in einem überforderten Staat herrschten; aber die Schengen-Erweiterung war eine deutliche Zäsur. Bis heute blieb die Kriminalitätsentwicklung konstant hoch. Allein die Wohnungseinbrüche sind seither bundesweit um über 50 Prozent gestiegen, viele andere Delikte zogen zeitgleich an. Eine allgemeine Trendumkehr ist nicht in Sicht. In der Rückschau ist die Sache eindeutig.

Offene Grenze, weniger Polizei

Auch der traurige Siegeszug der synthetischen Modedroge Crystal Meth durch Deutschland wurde erst durch den Wegfall der Grenzkontrollen ermöglicht. Ohne Schengen kein Crystal: Es ist eine ganz einfache Rechnung. Denn eine der gefährlichsten Drogen der Welt wird vor allem in zahlreichen Drogenküchen in der tschechischen Grenzregion produziert. Ein Methamphetamin aus aufgekochten Erkältungsmitteln, die mit Chemikalien versetzt werden und zu Salzen kristallisieren. Zwar sickerte der Stoff schon vor der Grenzöffnung nach Deutschland, das aber nur in überschaubaren Mengen. Der Boom setzte erst mit Beginn der grenzenlosen Freizügigkeit ein.

Von Bad Schandau in der pittoresken Sächsischen Schweiz schlängelt sich der Regionalexpress durch das Elbtal in 27 Minuten nach Děčín ins Nachbarland. Auf dem Fahrrad, den Elberadweg entlang, fällt der Länderwechsel hier nur über die veränderte Sprache der Straßenschilder auf. Aber «Crystal» bleibt «Crystal» auf dem Ramschmarkt der Vietnamesen in Děčín, wo es blitzschnell an jedermann verkauft wird, der danach fragt. Dutzende solcher Märkte gibt es entlang der waldreichen deutsch-tschechischen Grenze zu Sachsen und Bayern. Mit der Grenzöffnung haben sich organsierte vietnamesische Gruppen um das professionelle Geschäft mit «Crystal» gekümmert, die sich zuvor schon auf den Zigarettenschmuggel in der Grenzregion spezialisiert hatten. Unkontrolliert findet die Droge auch über diese Routen den Weg nach Deutschland.

Dresden, Leipzig, Nürnberg und Berlin wurden nach dem

Wegfall der Kontrollen mit dem Stoff überflutet, der schneller süchtig macht als Kokain oder Ecstasy und für einen rapiden körperlichen Verfall sorgt. In den ersten Jahren nach der Schengen-Erweiterung haben sich die sichergestellten Mengen der Droge nach Angaben der Berliner Fachstelle für Suchtprävention verzehnfacht. Im selben Zeitraum hat sich die Zahl der Erstkonsumenten laut BKA verachtfacht. Im besonders betroffenen Freistaat Sachsen werden bei den insgesamt wachsenden Zahlen der Rauschgiftdelikte die Crystal-Fälle inzwischen gesondert erfasst: Sie machen dort bereits knapp die Hälfte aller Rauschgiftdelikte aus. Laut Landesinnenministerium führen die Verbreitung dieser Droge und die damit verbundene Beschaffungskriminalität auch zu einer Zunahme sonstiger Straftaten.[38] Im Nachbarland Brandenburg schätzt die Landesregierung die Zahl der Crystal-Abhängigen auf 10 000. Dass ausgerechnet zwei prominente Innenpolitiker im Abstand von zwei Jahren von Drogenfahndern in Berlin mit «Crystal» erwischt wurden, zeigt, wie gesellschaftsfähig die Droge längst ist. Die beiden Bundestagsabgeordneten Michael Hartmann (SPD) und Volker Beck (Die Grünen) waren jeweils ein zufälliger «Beifang» bei umfangreichen Ermittlungen, die auch tief in die homosexuelle Partyszene der Hauptstadt reichten, in der beide verkehrten. Dort ist Crystal besonders beliebt, weil es die sexuelle Leistungsfähigkeit steigert. Nachdem es zunächst die Städte in relativer Grenznähe waren, die von Crystal erfasst wurden, ist es inzwischen ein flächendeckendes Problem in ganz Deutschland.

Zur Zeit der Schengen-Erweiterung fielen gleich in mehreren Bundesländern Tausende von Polizeistellen weg, ausgerechnet in den östlichen Bundesländern, über die nun eine neue Welle der organisierten Kriminalität in die Republik lief. Um Kosten zu sparen, wurden «Polizeireformen» umgesetzt, über die der Öffentlichkeit der langsame Rückzug der staatlich garantierten Sicherheit in einigen Bundesländern vermittelt wurde: unter anderem in Sachsen, Brandenburg, Mecklenburg-Vorpommern und in Berlin. Rainer Wendt, der streitbare Vorsitzende der Deutschen Polizeigewerkschaft (DPolG), beziffert die Zahl der Planstellen bei der Polizei, die auf diese Weise bundesweit eingespart wurden, auf 17 000: «Nie in der Nachkriegszeit wurde die Polizei in einer vergleichbaren Weise geschwächt.»[39] Diese Kürzungen seien jedenfalls nicht auf Grundlage einer «realistischen Gefährdungsanalyse» erfolgt. Im Gegenteil: die Bedrohung wurde sträflich unterschätzt. Sonst hätte man schon in der Zeit vor den Grenzöffnungen mehr Polizisten einstellen müssen, schlussfolgert Wendt.

Alleine bei der Berliner Polizei wurden zu dieser Zeit 1800 Stellen gestrichen. Nur wenige Jahre später gab es in der Hauptstadt einen Zehnjahresrekord bei den Einbrüchen. Diese haben sich mancherorts in den durch die Stellenstreichungen betroffenen Bundesländern gar verdoppelt. Für diesen drastischen Anstieg lässt sich der Politik also eine Mitverantwortung zuschreiben. Wenngleich der unmittelbare Zusammenhang zwischen den weggefallenen Stellen bei der Polizei und der deutlich größeren Zahl an Einbrüchen nicht ohne die Berücksichtigung anderer Faktoren auskommt – wie etwa des Wegfalls der Grenzkontrollen. Im Berliner Speckgürtel beispielsweise kam alles in besonderer Weise zusammen. Dort wächst die Hauptstadt in einem unaufhaltsamen Prozess der friedlichen Landnahme nach Brandenburg hinein. Orte wie Falkensee, Kleinmachnow, Teltow oder Neuenhagen erfahren fortlaufend Zuzug und sorgen dafür, dass die Einwohnerzahl in diesem Bundesland stetig steigt. Die Wohnstruktur wird hier durch Einfamilienhäuser dominiert, permanent werden neue Siedlungen geplant und gebaut. Das Einkommen liegt weit über dem Landesdurchschnitt, aber die meisten Menschen richten sich als Berufspendler nach Berlin aus. Auch die Mentalität ist durch die Hauptstadt geprägt. In der Draufsicht ist all das Berlin, eine sich ausbreitende Vier-Millionen-Metropole, in der Landesgrenzen und Ortsausgangsschilder nur für Menschen eine Rolle spielen, deren Zuständigkeiten durch diese Markierungen definiert werden. Die Lebensrealität der Menschen hier unterscheidet kaum zwischen zwei Bundesländern. Auch bei den Sicherheitsbehörden ist inzwischen von einem «gemeinsamen kriminalgeografischen Raum» die Rede, der immer größer wird. Mit ihm wächst der Aktionsradius organisierter Banden, die sich in der Anonymität der Metropole zumeist unerkannt bewegen können, zumal der Berliner Speckgürtel unmittelbar an die Autobahn ins nahe Polen angebunden ist. Die Einbrüche steigen daher jährlich im zweistelligen Prozentbereich. Unterdessen sollten rund ein Viertel aller Polizisten allein in Brandenburg eingespart werden, um die Verwaltung zu verschlanken. Das wurde unter der Annahme geplant, dass die Zahl der Einwohner zurückgehen würde, und mit ihr auch die Kriminalität: Viele verlassen das Land, und die Zurückbleibenden werden immer älter, sind also nicht mehr auf so viele Polizisten angewiesen. Über diese Begründung wollte man in Potsdam und auch in anderen Landesregierungen in Ostdeutschland perspektivisch das Geld einsparen, das nach dem Auslaufen des Solidarpaktes im Jahr 2019 weniger zur Verfügung steht. Das aber war gleich eine Fehlannahme im doppelten Sinne. Im Klarsprech von Polizeigewerkschafter Wendt folgte daraus «eine echte sicherheitspolitische Zirkusnummer».[40]

Nachdem die Kriminalitätszahlen also entgegen dieser Fehlannahme weiter stiegen, wurde die bereits vom Landtag in Potsdam beschlossene Polizeireform zum Politikum: Die Gewerkschaft der Polizei (GdP), die dritte und größte Polizeigewerkschaft in Deutschland, sammelte fast 100 000 Unterschriften dagegen. Unterdessen hatte auch das Land Berlin die Zahl seiner ehemals 18 000 Polizisten bereits um zehn Prozent gekürzt, in den Jahren vor und auch noch nach der Grenzöffnung. Und das, obwohl gerade in diesen Jahren die Einwohnerzahl jedes Jahr weiter anstieg. Bis dahin wurden in der gesamten Hauptstadtregion bis zu

10 000 Autos jährlich gestohlen, so dass die Politik punktuell mit verstärkten Polizeikontrollen reagieren musste: mit drei Polizeihundertschaften und einer Sonderkommission an der Grenze zu Polen – Polizisten, die an anderer Stelle plötzlich fehlten, wie bei einer zu kurzen Bettdecke. Bis heute verschwindet in der Hauptstadtregion immer noch ein Viertel der 20 000 jährlich in Deutschland gestohlenen Autos. Auch diese Zahl ist bundesweit zuletzt weiter gestiegen. Der Gesamtverband der deutschen Versicherungswirtschaft (GDV) beziffert den Schaden auf annähernd 300 Millionen Euro. Bei dieser Statistik werden Autos erst gar nicht erfasst, die lediglich haftpflichtversichert sind.

Auf eine ähnliche Zahl gestohlener Autos wie die Hauptstadtregion kommt sonst nur das einwohnerstarke Nordrhein-Westfalen. Betroffen sind vor allem die Städte entlang der Autobahnen nach Osten, die in der A2 in Richtung Polen münden. Sie ist noch immer die beliebteste Route für Autodiebe. Am sichersten sind Autos in Bayern, wo auf 1000 kaskoversicherte Fahrzeuge lediglich 0,1 Diebstähle entfallen. Aber deutschlandweit wird nur rund jeder achte Diebstahl aufgeklärt. Bei den Autodieben sind hochwertige Geländewagen besonders beliebt.

Das vorhersehbare Risiko der Grenzöffnung wurde von den verantwortlichen Politikern jedenfalls verschwiegen. Dieses Versäumnis räumte Dietmar Woidke (SPD) sechs Jahre nach der Grenzöffnung in einem Gespräch über die Bekämpfung des Autodiebstahls ein.[41] Bevor er Ministerpräsident in Potsdam wurde, begleitete Woidke den Prozess der Grenzöffnung als Innenminister. Auch für die Polizeireform in seinem Bundesland war er verantwortlich. «Wir haben alle gehofft, es würde gut werden. Ich nehme mich da persönlich überhaupt nicht aus. Aber wir haben dann in Brandenburg feststellen müssen, dass es doch nicht so einfach war.» Unter wachsendem politischen Druck drosselte die Landesregierung schließlich den Stellenabbau bei der Polizei.

Woidke lebt selbst in Forst, einer kleinen Grenzstadt in der

Lausitz, die besonders von der unmittelbaren Grenzkriminalität betroffen ist. Sie liegt an einer Autobahnüberfahrt nach Polen. Im Gespräch erzählt er, wie er häufig von Nachbarn und Freunden zu Hause auf das Problem angesprochen wird. In den Grenzgemeinden entlang der Oder und Neiße werden auch viele Landmaschinen gestohlen. Bei Niedrigwasser in der Neiße werden einzelne Traktoren sogar durch den Fluss entführt. In Küstrin im Oderbruch müssen sie nachts nur über die nächstgelegene Brücke gefahren werden. Vom Landgut Küstrinchen aus waren es nur 1500 Meter für die beiden neuwertigen John-Deere-Traktoren, die Landwirt Udo Kutzke zuletzt gestohlen wurden. Stückpreis: 250 000 Euro. Geblieben ist ihm noch die grüne Schirmmütze mit dem springenden Hirsch, dem Logo des Herstellers. Darunter trägt der Hüne einen grauen Bart. Er ist ein umgänglicher Kerl, aber auf die Politik ist er schlecht zu sprechen: «Wenn der Staat nichts unternimmt, wird es irgendwann auch zur Lynchjustiz kommen», orakelt Kutzke. Die Schuld trage dann aber einzig der Staat: «Es ist nun mal im Grundgesetz festgeschrieben, dass der Staat für die Sicherheit der Bürger zu sorgen hat.» Aber erst mal erfasst er die gestohlenen Landmaschinen in einer gesonderten Statistik.

Hart an der Grenze

Zwei Drittel der in Brandenburg gefassten Autodiebe kommen aus Polen. Die meisten gestohlenen Fahrzeuge, mit denen sie erwischt werden, stammen allerdings aus anderen Bundesländern. Sehr häufig betroffen sind Ortschaften entlang der A2, Hannover, Braunschweig, Bielefeld, Hamm. Vor allem Berlin, das VW-lastige Niedersachsen sowie das östliche Ruhrgebiet und das restliche Westfalen tauchen in den Ermittlungsakten zu diesen Festnahmen häufig auf. Die meisten der Autodiebe werden in

Grenznähe gefasst. Dort verkauft Hein Dabo seit der Wende Autos. In Jänschwalde, in der dünn besiedelten Lausitz, am Rande des Braunkohletagebaus – 20 Kilometer vor dem verlassenen Grenzübergang Gubinek. Etliche Fahrzeuge wurden bei «Auto Dabo» schon vom Hof geklaut. Die bei Autodieben besonders beliebten Marken Audi oder VW lässt er über Nacht schon lange nicht mehr ungeschützt draußen stehen. Inzwischen gleicht sein Gelände einer Festung, wie viele Gewerbebetriebe in der Grenzregion. Rings um den Gitterzaun hat er ein «Sabotagekabel» gelegt, wie er es nennt: «Wenn es getrennt wird, kommt ein Alarm aufs Handy und ich weiß sofort: dass sich auf dem Ausstellungsgelände jemand zu schaffen macht.» Einen Teil des Grundstücks hat er mit einer Betonmauer gesichert und eine Lichtschranke nachgerüstet, nachdem Diebe einen Zaun zerschnitten hatten und ein Wachhund, ein kaukasischer Schäferhund, sich aus dem Staub gemacht hatte. Mehrere 10 000 Euro hat er schon in solche Sicherheitssysteme gesteckt. Diebe, die sie überwinden, haben anschließend kaum noch mit Widerstand zu rechnen. Es ist eine Viertelstunde zum Grenzübergang Gubinek, wo die Kontrollanlagen seit Jahren stillgelegt sind. Die Bundesstraße über die Neiße ist nur noch eine betonierte und unbewachte Schmugglerpiste. Diebe, die es bis hierher schaffen, haben freie Fahrt. Deutsche Polizisten dürfen nur folgen, wenn sie ganz sicher wissen, dass das Auto gestohlen ist.

Autodiebstahl ist ein arbeitsteiliges Geschäft, das nur in Bandenstrukturen funktioniert: Vom Klau über den Transport und die Legalisierung der Fahrzeuge bis zum Verkauf sind etliche Täter beteiligt, und das Geschäft zieht sich oft durch mehrere Länder. Die meisten Autos, zumal hochwertige, werden auf Bestellung gestohlen. Teure Geländewagen, Mini-Busse oder Limousinen sind in der Regel für den osteuropäischen Markt oder die ehemaligen GUS-Staaten bestimmt. Zwar haben solche Autos einen elektronischen Diebstahlschutz, etwa eine Wegfahrsperre; die zu umgehen gehört allerdings zum gängigen Handwerk der Autobanden. Die Diebe spähen die Fahrzeuge tagsüber aus, kommen nachts wieder und fahren schnurstracks Richtung Grenze. Wenn die Besitzer den Diebstahl am Morgen bemerken, sind ihre Autos meist schon nicht mehr in Deutschland. Ihre Anzeigen und die anschließende Fahndung laufen auch deshalb ins Leere. Häufig hebeln die Diebe den Schließzylinder der Autos mit einem speziellen Schraubenschlüssel auf. Danach schließen sie einen Laptop an die Diagnose-Buchse des Autos an, über die Werkstätten üblicherweise die Fahrzeugdaten auslesen. Über eine Manipulations-Software gelangen sie nun in das Fahrzeugsystem, wo sie einen neuen Schlüssel programmieren. Die tragbaren Computer mit der vorinstallierten Software kosten rund 5000 Euro – bei Internethändlern aus Osteuropa. Eine andere Variante läuft über so genannte «Jammer», das sind Störsender, mit denen Autodiebe das Funksignal zwischen bestimmten Fahrzeugen und dem durch den Halter bedienten Schlüssel unbemerkt blockieren. Beim Aussteigen beispielsweise im Parkhaus, am Flughafen, auf einem Supermarktparkplatz denkt der Besitzer, er hätte sein Auto verschlossen. Stattdessen passiert nichts, weil der Funkkontakt durch den Jammer blockiert wurde. Wenn sich der Besitzer nicht vergewissert, bleibt das Auto geöffnet. Binnen weniger Sekunden kann der Dieb es danach starten. Meistens mit dem Ziel deutsch-polnische Grenze.

Nur in unmittelbarer Grenznähe sehen die Diebe einem gewissen Entdeckungsrisiko entgegen. Entlang der Autobahn müssen sie hier mit mobilen Kontrollen rechnen, auch auf den Landstraßen, zumal in den Morgenstunden, wenn die meisten von ihnen den Weg über die Grenze suchen. Und dann schickt die Polizei noch einzelne Fahnder in diese dünn besiedelte Gegend, die nachts alleine in ihren Kombis unterwegs sind und ein riesiges Areal durchsuchen.

Auch in dieser Nacht ist Fahnder E. aus Cottbus wieder ins

Bermudadreieck abgetaucht. So nennen Brandenburger Polizisten die weite Fläche zwischen Königs Wusterhausen südlich von Berlin und den Autobahngrenzübergängen bei Frankfurt (Oder) und Forst. Die Autobahnen A12 und A13 und die deutschpolnische Grenze bilden die Kanten des Dreiecks. «Dazwischen verschwinden die Autos in einem riesigen Gebiet aus Wäldern, Seen und alten Militärgeländen. Die Täter flüchten, das ist ganz einfach dieser Urinstinkt, sich nicht von der Polizei fangen zu lassen», hatte der Polizeioberkommissar vor Schichtbeginn erklärt. Bei den Diebstählen «geht es um die richtig dicke Kohle in Europa», sagt er. «Bei uns gibt es den Spruch: Supermarkt Deutschland. Hier steht ja alles rum», sagt Fahnder E. Er steht jetzt vor einer roten Ampel auf einer einsamen nachtschwarzen Landstraße an der Neiße. In den Lichtkegeln der Schweinwerfer seines BMW-Streifenwagens zeichnen sich drei asphaltierte Spuren ab. Wo der Lichtschein endet, beginnt Polen. Es ist der Grenzübergang Gubinek. «Wenn sie diese letzte Ampel hier sehen, geben sie Gas und sind durch.» Viele der meist sehr jungen Fahrer nehmen Drogen, Aufputschmittel, Amphetamine, Tilidin, weil sie hellwach und ohne Hemmungen hier durchkommen wollen. Beim Anblick von Polizeiautos geraten die meisten in Panik. «Denen ist dann egal, ob sie einen Polizisten umfahren oder von Bürger Meier oder Lehmann das Auto rammen, die wollen einfach nur durch.» So wie der 20-jährige polnische Fahrer eines gestohlenen Audi, der auf der Flucht vor der Polizei ungebremst durch das Städtchen Peitz fuhr und dabei in der Kurve mit Wucht einen geschlossenen Obststand in Form einer Erdbeere rammte, in der an diesem Tag die Verkäuferin Erika Laubsch stand. Noch über ein Jahr später war ihr der Schrecken anzumerken: «Ich hatte Todesangst, als das Auto auf mich zukam», sagt sie. «Seitdem lässt mich das nicht mehr los. In diesem Jahr war es besonders schlimm, weil ich wieder in der Erdbeere stand und dachte, dass jeden Moment wieder ein Auto reinfahren könnte.» Die Opfer dieser Diebe sind also nicht nur die Autobesitzer und die Versicherungsnehmer, deren Prämien sich in der Folge des massenhaften Autoklaus erhöhen. Sondern auch Passanten und Verkehrsteilnehmer wie Matthias Werner, dem ein gestohlener Audi bei einer Verfolgungsfahrt bei Eisenhüttenstadt hinten in den eigenen Wagen gerast ist – Totalschaden: «Ich bin mit dem Kopf aufs Lenkrad geknallt, hatte dadurch ein Schleudertrauma ersten Grades, leichte Blessuren, Prellungen an der Milz, deswegen war ich dann auch im Krankenhaus.»

Der Fahrer des in Braunschweig gestohlenen Wagens ist Jacek K. aus Warschau: Mit 170 km/h war er morgens im Berufsverkehr auf regennasser Bundesstraße parallel zur Grenze vor einer Polizeistreife geflohen. Nach dem Auffahrunfall floh er zunächst zu Fuß weiter, wurde aber von einem Polizisten gefasst. So landete er schließlich in Cottbus in der Justizvollzugsanstalt. Über seine Auftraggeber will er nicht reden, mit dem Gericht nicht, auch nicht mit Journalisten. Seine Anwältin ist bei dem Gespräch mit dabei. Sie ist selbst Polin aus der Grenzregion, hat in Deutschland Jura studiert und sich als Strafverteidigerin in Frankfurt (Oder) niedergelassen. Die meisten Fälle wie der von Jacek K. landen bei ihr. Ihr Name ist in der Branche sehr geläufig. Den Vorwurf, dass sie von der grenzübergreifenden Kriminalität profitiere, kennt sie zu Genüge. Bei der örtlichen Staatsanwaltschaft allerdings ist man froh in ihr ein auch kulturell kompetentes Gegenüber zu haben. Ganz sicher scheint Jacek K. gut beraten: «Es war nur ein kleiner Job, ich war arbeitslos und es war nur eine Fahrt», behauptet er. Den Diebstahl kann ihm das Gericht nicht nachweisen. Er sei nur der Kurier gewesen, sagt er. «Ich hatte Angst, auf der ganzen Strecke Richtung Polen. An den Unfall kann ich mich nicht wirklich erinnern. Das Auto sollte ich nur nach Polen fahren, umgerechnet für 300 Euro.» Deshalb bekommt der junge Pole nur eine Haftstrafe von einem Jahr und sechs Monaten – für Hehlerei.

So wie an dieser Grenze sieht es auch an der nach Tschechien aus. Polizeimeldungen wie diese sind auch in Bayern und Sachsen an der Tagesordnung: «Nachdem ein Dieb einen Geländewagen im Wert von 100 000 Euro in Weimar gestohlen hatte, wurde er auf der A4 bei Dresden von der Polizei entdeckt – und raste davon, über die A17 in Richtung Prag. Kurz vor der tschechischen Grenze verließ er die Autobahn bei Wilsdruff, rammte einen zivilen Polizeiwagen und entkam mit dem geländegängigen Wagen über ein Feld nach Tschechien.»

Die meisten Autos verschwinden an den Wochenenden. Und jetzt ist es wieder passiert. Über Funk erfährt Fahnder E., dass am Abend ein Audi Q7 von dem Parkplatz des «Tropical Island» geklaut wurde, bei Halbe an der A13. Der tropische Freizeitpark zieht täglich bis zu 3000 Menschen an, die in der Regel mit dem Auto anreisen. Der Parkplatz ist groß, die Umgebung menschenleer und die nahe nur schwach befahrene Autobahn ermöglicht freie Fahrt nach Polen. Der Freizeitpark ist ein regelmäßiges Ziel für Autodiebe. Fahnder E. ist jetzt 80 Kilometer vom «Tropical Island» entfernt, am dunklen Neiße-Ufer. Welchen Weg der Audi-Dieb in Richtung Polen nehmen wird, ist allerdings ungewiss. Für ihn wären es zum Grenzübergang nach Forst 88 Kilometer auf der A13. Mit dem leistungsstarken Auto wäre das höchstens eine halbe Stunde. Fahnder E. weiß, dass er keine Chance hat. Ohne weitere Anhaltspunkte über den Weg des Täters ist die Suche zwecklos. In Grenznähe fahren sie häufig von der Autobahn ab, um den Polizeikontrollen zu entgehen. So wie Jacek K. auch versucht hatte zu fliehen. «Aber die Täter sind skrupellos und wir sind zu wenige», sagt der Fahnder.

Auch deshalb will sich Autohändler Hein Dabo aus Jänschwalde nicht auf die Polizei verlassen. Seinen Glauben an sie hat er längst verloren. Er kramt einen umfangreichen Ordner hervor, den er in Sachen Autoklau angelegt hat: Strafanzeigen, Schriftverkehr mit der Versicherung und ein Notizzettel mit ein paar Übersetzungen aus dem Polnischen: übersetzte SMS. Einer der Diebe hatte bei einem Einbruch sein Handy verloren: «Ich fahre nachts um drei zum Übergang» oder «Wenn du kannst, nimm Handschuhe mit» oder «Ich fahre heute nicht». Für Hein Dabo liegt die Sache auf der Hand: «Das ist nicht nur ein Einzeltäter, es sind mehrere, auch von den Namen her, sie haben Namen und Telefonnummern komplett notiert. Es waren mehrere Täter.» Eine Bande aus Polen – aber die Ermittlungen der deutschen Polizei wurden eingestellt.

Unterdessen hofft Fahnder E. noch auf die Polizeikontrolle, die sich in dieser Nacht in einer Ortsdurchfahrt auf dem direkten Weg zum Grenzübergang Gubinek aufgebaut hat. Es ist die einzige Chance, den Dieb des teuren Geländewagens zu kriegen. Dort werden alle verdächtigen Fahrzeuge angehalten. Die Kollegen von Fahnder E. können nur hoffen, dass der Audi Q7 hier vorbeikommt. Im Jahr zuvor hat er einen Dieb bis nach Polen verfolgt und verhaftet, nachdem dieser mit einem gestohlenen Audi eine solche Kontrolle bei Forst durchbrochen hatte. Der polnische Fahrer hatte noch in Deutschland einen Polizisten umgefahren, Fahnder E. stand ein paar Meter weiter entfernt. «Als ich das gesehen habe, dachte ich schon, dass der Kollege tot ist», sagt er. Weil er zum Zeugen einer Straftat wurde, durfte er ausnahmsweise die Verfolgung über die Grenze aufnehmen. Denn dabei galt die so genannte Nacheile, die zwischen beiden Staaten gesetzlich geregelt ist. Der bloße Verdacht einer Straftat reicht dafür nicht aus, er muss in den Augen des Polizisten beweissicher sein – sonst ist für ihn an der Grenze Schluss. Der mutwillig umgefahrene Polizist hat schwer verletzt überlebt.

Immer wieder kommt es entlang der langen Grenzen zu solchen lebensgefährlichen Situationen und Unfällen, auch mit unbeteiligten Passanten. Deshalb werden Stimmen laut, die von der Polizei fordern, solche Verfolgungsfahrten abzubrechen, um keine Menschenleben zu riskieren. Immer wieder werden Polizisten verletzt. Auch die Diebe selbst werden regelmäßig zum Opfer ihrer eigenen Waghalsigkeit. Nach einer durchbrochenen Polizeikontrolle auf der A15 bei Forst raste ein polnischer Autodieb nachts mit 200 km/h über die Landstraße. Der zuvor in Berlin gestohlene Ford S-Max flog aus einer Kurve, überschlug sich, und der unangeschnallte Fahrer schoss durch das Glasdach des Autos. Tot. Unfallopfer Matthias Werner würde auf solche Jagdszenen lieber verzichten: «Warum lassen es Polizeibeamte zu, dass ein Autodieb mit bis zu 180 km/h flüchtet, warum brechen sie nicht ab? Wenn sie sehen, dass er Menschenleben gefährdet?» Aus Sicht von Fahnder E. ist die Antwort auf diese Frage einfach: «Weil sie dann gewonnen hätten, und zwar für immer.»

Vor einigen Jahren hat ein Autodieb auf der polnischen Seite der Grenze, in Świebodzin, an der Autobahn nach Warschau, einen Polizisten durch einen Kopfschuss aus dessen Dienstwaffe getötet. Er war mit einem in Deutschland gestohlenen Audi A6 bereits über die Grenze gefahren. Die meisten Diebe aber kommen ohne Polizeikontrolle durch. Danach geht es oft quer durch Polen, grenzenlos durch Schengen-Land bis nach Litauen, dem neben Polen zentralen Schwerpunkt für die organisierte Autokriminalität. Von hier kommen zahlreiche Banden, und von hier aus wird der Weiterverkauf vor allem hochwertiger Fahrzeuge in die GUS-Staaten organisiert: Unter anderem nach Tadschikistan, wie vom Berliner LKA zu erfahren ist. Bei 28 von 29 überprüften hochwertigen Fahrzeugen, die in den Besitz von Regierungsmitgliedern und anderen Repräsentanten von Staat und Gesellschaft dort gelangt sind, wurde festgestellt, dass sie zuvor in Deutschland gestohlen worden waren.

Daraufhin machte sich ein Rechercheteam von *NDR* und *Süddeutscher Zeitung* auf den Weg in die tadschikische Hauptstadt Duschanbe und sah den Verdacht des LKA bestätigt. Der Berliner Justizsenator kam zu dem Schluss, dass «in Tadschikistan die Hehlerei mit gestohlenen Autos seit vielen Jahren geduldet wird». Seine Staatsanwaltschaft hatte zuvor drei Rechtshilfeersuchen über das Außenministerium nach Tadschikistan gesendet, 2011, 2012 und 2013. Darin ging es um Autos, die das Berliner LKA in Duschanbe lokalisiert hatte, und die Staatsanwaltschaft bat ihre tadschikischen Kollegen nun, diese Autos zu konfiszieren und nach Deutschland zurückzuschaffen. «Doch das hat gar nicht funktioniert», sagte der Senator. Erst nachdem er im Mai 2013 die Bundesregierung um Unterstützung gebeten hatte und das Thema schließlich in den Medien aufgetaucht war, hätten die Tadschiken angefangen, sich mit dem Problem überhaupt auseinanderzusetzen.[42]

Seit der Öffnung des Schengen-Raumes hatte sich eine Ermittlungsgruppe des LKA mit den Banden aus Litauen beschäftigt. Luxusautos, die auf Bestellung in Deutschland gestohlen werden, bekommen dort oft eine neue Identität, um dann etwa mit dem Zug über Tausende Kilometer bis in die zentralasiatische Republik gebracht zu werden. In dem Hochgebirgsland stehen Geländewagen aus Deutschland besonders hoch im Kurs. Litauen gilt seither als Drehscheibe für Hehlerware, mit der ein riesiger, wachsender Konsumgütermarkt zwischen der EU-Außengrenze und China versorgt wird, nicht nur mit gestohlenen Autos. In dieses Geschäft sind insbesondere Mitglieder der russischen Minderheit verwickelt, die sich problemlos in den Welten zwischen den GUS-Staaten und den EU-Mitgliedsstaaten bewegen können.

Einige der in Deutschland gestohlenen Autos verlassen aber auch auf direktem Wege das Schengen-Land, in Richtung Weißrussland oder Ukraine. Die EU-Außengrenze dort ist das Revier von Zenon Zieniuk. Der ehemalige Kriminalkommissar ist hier ständig auf der Suche nach gestohlenen Autos – im Auftrag deutscher Versicherungen. «Zurzeit ist es am einfachsten, gestohlene Autos in die Ukraine zu bringen. Dorthin geht der Grenzübertritt ziemlich reibungslos und die Zollabfertigung ist relativ schnell zu regeln», sagt der erfahrene Privatdetektiv. «In der Ukraine herrscht ein günstiges Klima, um gestohlene Autos zu verkaufen.»

Auch Volodymyr Z.[43] profitiert von diesem Klima. Er lebt im ukrainischen Lemberg, rund eine Stunde östlich der polnischen EU-Außengrenze. Es ist die europäischste Großstadt im Land. Einst war sie polnisch, dann gehörte sie zu Österreich-Ungarn, wurde im Krieg von den Deutschen besetzt und war bis zur Unabhängigkeit der Ukraine die westlichste Kulturmetropole der Sowjetunion. Die Menschen hier sprechen Ukrainisch, die meisten verstehen Russisch. Das aber gilt als die Sprache der Okkupanten. Viele können zusätzlich Polnisch sprechen. Die Stadt erzählt zahlreiche Vertriebenengeschichten polnischer Familien, die im Krieg ihre Heimat verlassen mussten. Heute sind die meisten ausländischen Besucher der historischen Altstadt polnische Heimwehtouristen. Der Grenzgang hat hier, in der Region Galizien, Tradition. Über Generationen haben sich die Menschen auf die wechselnden Herrschaften und Systeme eingestellt, haben gelernt, damit umzugehen, oder ihren Nutzen daraus zu ziehen.

Die Ukrainer wissen, dass sie in einem der korruptesten Länder der Welt leben. Auf dem Korruptions-Index von «Transparency International» liegt die Ukraine weit abgeschlagen hinter sämtlichen europäischen Staaten auf Platz 130. Auch die politischen Veränderungen der vergangenen Jahre haben in dem riesigen Flächenstaat zwar ein altes Regime weggefegt, aber keine Verbesserung der Situation gebracht, für die sich tausende von Menschen zu Beginn der Maidan-Proteste im Stadtzentrum von Kiew versammelt hatten: um gegen eine Regierung von Kriminellen und gegen die Korruption im Land zu protestieren. Deshalb stellt die Nichtregierungsorganisation fest, dass es noch immer eine «außerordentlich schwierige Aufgabe bleibt, die Ukraine aus der Gruppe der korruptesten Länder zu lösen». Der Staat ist porös, und die organisierte Kriminalität stellt einen Machtfaktor dar, der sich durch die meisten Behörden zieht. Auch Volodymyr Z. weiß das. «Wenn du überleben willst, musst du bei dem Spiel mitmachen», sagt der kleine stämmige Mann und fuchtelt mit den Händen durch die Luft. «Die größten Verbrecher sitzen in unserem Parlament und in den Ministerien, dagegen bin ich nur eine kleine Nummer.» Er ist einer der Soldaten in der riesigen Armee der Autoschieber in Osteuropa. Seit über 20 Jahren fährt er immer wieder in Deutschland gestohlene Autos über die Grenze in die Ukraine. Er sagt, dass er dafür gar nicht nach Deutschland muss. Aufgeflogen ist er noch nie. Die meisten Autos holt er auf Parkplätzen gleich hinter der deutsch-polnischen Grenze ab, in Słubice oder in Zgorzelec bei Görlitz. Wenn sie dort bereitstehen, hätten sie schon polnische Kennzeichen und ebensolche Dokumente im Handschuhfach. Volodymyr Z. erfährt von seinem Kontaktmann in Lemberg den Fahrzeugtyp und den genauen Standort, der Schlüssel steckt dann jeweils im Zündschloss. Er muss nur einsteigen und losfahren. Tauchen Schwierigkeiten auf, ruft er seinen Kontaktmann an. In Polen kriegt er niemanden zu Gesicht, kann im Fall einer Festnahme im Zweifel auch nicht mehr aussagen, als er selber weiß. Und das ist nicht viel, wie er sagt. Alles andere ist eine Ahnung. Zum Beispiel, dass er tatsächlich für eine Bande aus Warschau unterwegs ist. «Seitdem Polen Mitglied der Europäischen Union wurde, dominieren die Polen den größten Teil dieses Marktes», behauptet Volodymyr Z.

In kleinen Hinterhofwerkstätten in der abgehängten Grenzregion zu Deutschland kühlen zahlreiche gestohlene «heiße» Autos zunächst ab, werden dort zu polnischen Autos gewandelt. Das ist umso wichtiger, wenn sie für den ukrainischen Markt bestimmt sind und noch eine Schengen-Außengrenze passieren müssen. Denn zumindest der polnische Grenzschutz schaut dort genauer hin. Die ukrainischen Behörden eher nicht: «Der Zoll und die Polizei schließen die Augen. Wenn du ihnen ein bisschen Geld gibst, schließen sie einfach die Augen», sagt Autoschieber Z. «Ich kann mich nicht daran erinnern, dass auf der ukrainischen Seite der Grenze je die Motornummer kontrolliert worden wäre. Die kontrollieren ausschließlich die FIN und das ist dann alles.» Eine Stichprobe am Grenzübergang in Krakovetz bestätigt diesen Vorwurf. Es ist der Weg, den Volodymyr Z. mit den gestohlenen Autos aus Deutschland nimmt, durch eine neue Grenzanlage. Es herrscht reger Betrieb, Kleintransporter beherrschen das Bild, aus Polen, Tschechien, der Ukraine, viele deutsche Überführungskennzeichen sind zu sehen. Auf den Vorwurf der Korruption reagieren die Verantwortlichen hier gereizt. Zolloffizier Anatolij Skakun – hellblaues Uniformhemd, blaue Tellermütze, autoritätsbewusster Blick – nimmt auf die erwartbare Journalistenfrage eine geübte Abwehrhaltung an: «Wenn Sie genau darüber nachdenken, stellt sich doch die Frage, was Bestechung hier überhaupt bringen sollte», um dann das hiesige Compliance-Modell zu erläutern: «Jede Person, die die Grenze passiert, kommt durch zwei Kontrollen. Sowohl bei der Grenzpolizei als auch beim Zoll. Und am Ende jeder Schicht kontrollieren sich Grenzschutz und Zoll gegenseitig über die Zahl der Fahrzeuge.» Das schließt nach seiner Logik die Möglichkeit, jemanden zu bestechen, aus. «Hier ist jede Person unter Kontrolle.»

Volodymyr Z. lacht laut und heiser auf, als er von dieser Aussage hört. Für ihn ist klar, dass die Korruption an der Grenze systematisch organisiert ist, und zwar von Schicht zu Schicht. «Das Geld wird dann nach einem Schlüssel verteilt, nach Dienstgrad und Dienstzugehörigkeit. Sie sind alle Mitglied einer Bande.» Zu seiner Einschätzung passt ein Witz, der hier gerne erzählt wird.

Drei ukrainische Zöllner beraten darüber, was sie ihrem Kommandanten zu dessen rundem Geburtstag schenken sollen, um ihn wohlgesonnen zu stimmen. Der erste Vorschlag lautet: «Einen Urlaub, lasst uns ihm einen schönen Urlaub in den Karpaten schenken – mit allem Pipapo.» – Erwidern die beiden anderen: «Ach was, das ist doch Quatsch, er war doch gerade erst zum Tauchen auf den Malediven und im Winter zum Skifahren nach St. Moritz.» Zweiter Vorschlag: «Was haltet ihr denn von einem neuen Auto?» – «Aber er hat doch schon einen schönen schwarzen Geländewagen – und seine Frau fährt ein schickes Cabriolet.» Schließlich meldet sich der dritte Zöllner zu Wort – ein junger Rekrut: «Wisst ihr was, wir sollten ihn einfach mal alleine für ein paar Stunden Dienst schieben lassen, davon hat er doch am meisten.»

Deutsche Ermittler mussten längst erkennen, dass sie gegen internationale Autobanden nur dann eine Chance haben, wenn sie mit ihren Kollegen im Herkunftsland der Täter gemeinsame Sache machen. Ansonsten sind sie auf Zufälle angewiesen, über die alleine sich aber keine grenzübergreifend organisierte Kriminalität bekämpfen lässt. Selbst wenn der Polizei ein gestohlenes Auto an der Grenze in die Hände gerät, selbst dann, wenn sie Autodiebe bei der Tat erwischen: Über die Hintermänner, die Bandenstruktur, die Auftraggeber und den Verbleib der Autos erfährt sie nichts. Die können weiterhin ungehindert wirken, auch wenn einer der zahlreichen Autodiebe in Cottbus in Haft sitzt. Dort wird er aus zwei wesentlichen Gründen nicht über seine Hintermänner aussagen: weil er kaum etwas über sie weiß, wie üblich in den meisten Organisationen. Und weil er seine Familie, ob in Polen, Litauen, der Ukraine oder einem anderen Land, einer massiven Gefahr aussetzen würde, vor der sie die deutsche Polizei am allerwenigsten schützen könnte. Wie auch?

Und es kommt noch etwas anderes hinzu: Fast jedes in Deutschland gestohlene Auto wird durch ein anderes ersetzt. Vor allem neuwertige Fahrzeuge werden kurzfristig nachgekauft, sobald die Versicherung den Schaden ersetzt hat. Das nutzt vor allem der Autoindustrie. Der Schaden bleibt – vordergründig – bei den Versicherungen. Die allerdings legen ihn auf ihre Beitragszahler um, über steigende Beiträge. Bleibt immer noch die Autoindustrie als Nutznießer – und zwar im doppelten Sinne. Fahren doch im Idealfall nun zwei Autos durch die Gegend, die gewartet und im Schadensfall auch repariert werden müssen. So profitiert nicht nur der Hersteller in Deutschland, wo nach dem Diebstahl ein weiteres Auto geordert wird, sondern zusätzlich auch die Vertragswerkstatt in dem Land, in dem das in Deutschland gestohlene Auto fortan gefahren wird. Der Bedarf an möglichen Ersatzteilen fällt nunmehr ebenfalls doppelt an. Diesen Zusammenhang kennen Polizisten wie Fahnder E., der in Cottbus, an der Grenze zu Polen, auf der Jagd nach Autodieben jederzeit in eine lebensbedrohliche Situation kommen kann. Er versucht ihn auszublenden. «Sonst wirst du verrückt», sagt er. Verantwortliche Innenpolitiker wissen ebenfalls um das Problem und sagen hinter verschlossenen Türen schmallippig: «Ja klar», und «aber was soll ich dazu sagen?» Die Vertreter der Autoindustrie verweisen unterdessen stets auf die Anstrengungen, die sie beim Diebstahlschutz unternehmen, den gesondert ausgebildete Fachleute der Polizei wiederum als «absichtlich überholt» abtun. Es ist ein starker Vorwurf, der Autoindustrie fehlendes Interesse im Kampf gegen die Kfz-Kriminalität zu unterstellen. Bemerkenswert ist allerdings, dass seit Jahren Modelle aus der Volkswagen-Audi-Gruppe sowie von BMW die Listen der am meisten gestohlenen Autos in Deutschland anführen. Mercedes, die einstige führende deutsche Luxusmarke, fällt dagegen ab. Beim Diebstahlschutz indes gilt sie unter Fachleuten inzwischen als ausgezeichnet.[44]

Schwierige Partnerschaft

Ein deutscher Ermittler für organisierte Kriminalität, den es vor einigen Jahren zum Austausch über die Wege der gestohlenen Autos ins Innenministerium nach Kiew verschlagen hatte, berichtete von seinem mulmigen Gefühl bei dem Kollegenbesuch: «Beim Blick aus dem Fenster des Ministeriums auf den Mitarbeiterparkplatz habe ich mehr neuwertige schwarze Geländewagen herumstehen sehen, als jemals in Deutschland.» Korruption vermutet er, offen erheben will er den Vorwurf nicht. Fakt aber ist, dass sich in deutschen Sicherheitsbehörden das Vertrauen gegenüber den ukrainischen Partnern auf dem Niveau des Korruptions-Indexes bewegt: ziemlich weit unten. Problematisch sei das auch bei Interpol-Maßnahmen, die über die ukrainische Polizei laufen, die wiederum selbst eng mit der organisierten Kriminalität verzahnt ist. «In so einem Klima ist ein offener Austausch gar nicht möglich.» Das wissen auch die Autoschieber. Volodymyr Z. sagt deshalb, «wenn die Autos erst mal hier in der Ukraine sind, sind sie absolut sicher. Die meisten verlassen das Land auch gar nicht mehr. Warum auch?»

Zwar besteht zwischen einigen der EU-Mitgliedsstaaten inzwischen ein gewachsenes Vertrauensverhältnis. Das wird aber immer wieder erschüttert, beispielsweise durch Neumitglieder, mit deren Sicherheitsbehörden erst wieder eine funktionierende Zusammenarbeit etabliert werden muss, obgleich sie von heute auf morgen neue Kriminalitätsprobleme und Banden mit ins Schengen-Land bringen. Auch vor diesem Hintergrund werden die im politischen Raum diskutierten EU-Mitgliedschaften der Ukraine und der Türkei von den Sicherheitsbehörden bislang grundsätzlich abgelehnt. Dort ist die organisierte Kriminalität jeweils zu ausgeprägt. Aber gleichzeitig gelten beide Staaten als Rückzugsgebiet für Straftäter aus Deutschland, die sich dort, außerhalb der EU, sicher fühlen, wenn nach ihnen gefahndet wird.

Selbst innerhalb der EU ist die Bereitschaft, Informationen auszutauschen, von Land zu Land ganz unterschiedlich ausgeprägt. Großbritannien beispielsweise galt auch schon vor dem geplanten Brexit in dieser Hinsicht als äußerst schwieriger Partner, weil von den Sicherheitsbehörden dort nur sehr zögerlich Daten weitergegeben wurden. Dabei operieren viele Bandenmitglieder des russisch-eurasischen Komplexes auch von dort aus, vor allem aus der Metropole London, wo es noch dazu eine große polnische Gemeinschaft gibt, aus der zahlreiche Kriminelle quer durch den Kontinent reisen. Sie wissen, dass sie auf der Insel hinter einer Brandmauer des Datenaustauschs leben und dort ziemlich sicher sind. Großbritannien ist deshalb längst ein Refugium für organisierte Kriminelle, deren Banden allerdings auf dem Festland aktiv sind.

Besonders schwierig wird es immer dann, wenn Ermittler auf Partner in Ländern außerhalb der EU angewiesen sind. So erging es beispielsweise der Staatsanwaltschaft Wien, die es seit Jahren mit hartnäckigen Banden aus Bosnien und der Herzegowina zu tun hat. Dem Vernehmen nach entschied man sich dort wegen eines begründeten Misstrauens gegen eine enge Zusammenarbeit mit den Kollegen aus Sarajevo. Trotz solcher Vorbehalte in Westeuropa steuert das Land eine EU-Mitgliedschaft an, die neben zahlreichen anderen Problemen ziemlich sicher für eine zusätzliche Erhöhung des Kriminalitätsdrucks innerhalb des Staatenverbundes sorgen würde: vor allem im nahen Österreich, ganz sicher aber ebenso in Deutschland. Auch wegen seiner Rolle als Brückenkopf der radikalen Islamistenszene auf dem Kontinent würde ein Neu-Mitglied Bosnien und Herzegowina der EU ein gesteigertes Sicherheitsproblem bescheren. Die wäre damit, bei ihrer aktuellen Verfasstheit, schlicht überfordert.

Auch der im Amtsbonus enthaltene Vertrauensvorschuss greift

außerhalb Deutschlands nicht, berichtet der Generalstaatsanwalt eines Flächenbundeslandes: «Wenn ich beispielsweise bei einem Staatsanwalt in Baden-Württemberg anrufe, tauschen wir uns gleich kollegial und auf Augenhöhe aus, auch wenn ich ihn persönlich überhaupt nicht kenne.» Diese Qualität habe die Kommunikation mit Kollegen im europäischen Ausland grundsätzlich nicht, weil diese immer offiziell und formal ablaufe. Für konkrete Ermittlungshilfe ihrer Kollegen aus dem Ausland müssen Staatsanwälte ohnehin den aufreibenden Weg der internationalen Rechtshilfe beschreiten. Also etwa für Zeugenbefragungen, die Herausgabe von Beweismitteln, Durchsuchungen bei Tatverdächtigen oder Bankauskünfte, auf die deutsche Behörden keinen Zugriff haben. Viele Staatsanwälte klagen darüber, dass sie nicht selten vergeblich auf eine Antwort aus dem Ausland warteten. Wenn sie dann kommt, fällt sie meistens allerdings völlig unzulänglich aus.

So verweigerten beispielsweise die Behörden in Stettin ihre Hilfe bei der Aufklärung im Fall einer als «Solar-Mafia» bekannt gewordenen Bande. Die Polizei hatte einige Mitglieder der 20-köpfigen Gruppe nach einer Tat östlich von Berlin verhaftet: Sie hatten gerade Solar-Panele aus einem Solarpark nahe der Autobahn nach Stettin zum Abtransport eingeladen. Dabei folgten sie einer Masche, mit der seit der EU-Osterweiterung vor allem Ostdeutschland heimgesucht wird. Dabei werden von den Tätern entlegene Solarparks in nächtlichen Aktionen mit mehreren Kleintransportern angefahren, weil die Anlagen dann keinen Strom produzieren. Zäune und Sicherungsanlagen werden aufgeknackt und die je 20 Kilogramm schweren Solartafeln werden von mehreren Männern fachmännisch abmontiert, verladen und über die Grenze gebracht. Manchmal fällt der Diebstahl erst auf, wenn die betrieblichen Ausfälle ganzer Anlagen bemerkt werden. Häufig kommen die Täter allerdings in der Phase, in der die Anlagen erst errichtet werden. So war es bei dieser Bande, bei der

die Polizei von einem Schaden von über zwei Millionen Euro aus-
geht.

Eine Suche auf den Seiten eines polnischen Internetauktions-
hauses ergab, dass zahlreiche der mutmaßlich in Deutschland gestohlenen Solarpanele dort angeboten wurden – unmittelbar,
nachdem sie aus den deutschen Solarparks verschwunden waren.
Aber dem Wunsch des Leiters der «Soko Sonne» nach einer Haus-
durchsuchung bei den Tatverdächtigen in der Nähe von Stettin
wurde von den Behörden dort nicht stattgegeben. «Wir hätten
einfach ihre Computer konfisziert und ausgewertet, dann wäre
der Verbleib der zahlreichen gestohlenen Solarpanele wohl nach-
zuweisen gewesen», ärgert sich der Kriminalist. Auch konnten er
und die übrigen Mitglieder seiner «Soko Sonne» nicht feststellen,
ob die Stettiner Bande möglicherweise Teil einer größeren Organisation war, die den sprunghaft gestiegenen Bedarf an Solaranlagen in Polen flächendeckend mit in Deutschland gestohlenen
Solarpanelen deckt. Inzwischen werden sie auch dort in neu er-
richteten Solarparks verbaut. Der Klau der Solarpanele hält an, er
hat sich längst auf die gesamte Bundesrepublik ausgedehnt. Bei
der Schwerpunktstaatsanwaltschaft «Grenzübergreifende Kriminalität» geht man definitiv von organisierter Kriminalität aus.
Ähnlich wie beim organisierten Autoklau werden die Täter, die
nachts nach Deutschland kommen, im kleinkriminellen Milieu
rekrutiert. An die Hintermänner der vermuteten Struktur kommt
man bislang nicht, wegen der beschränkten internationalen Er-
mittlungsmöglichkeiten. Unterdessen geht das BKA wegen der
steigenden Nachfrage für Solaranlagen in ganz Europa davon aus,
dass dieser Kriminalitätstrend weiter anhalten wird.

Das Nichts am Ende des Tunnels

Auch die Ermittlungen zu dem als «Tunnelraub» bekannt gewordenen Einbruch in den Tresorraum einer Filiale der Berliner Volksbank in Steglitz scheiterten an der mangelhaften internationalen Zusammenarbeit. Der Einbruch gilt als einer der spektakulärsten der Berliner Kriminalgeschichte, bei dem eine Bande Schmuck und Bargeld im Wert von rund zehn Millionen Euro erbeutete. Aber ein Rechtshilfeersuchen der hiesigen Staatsanwaltschaft an die polnischen Kollegen führte außer zu einem aufwändigen Verwaltungsvorgang zu nichts. Die Täter hatten unbemerkt einen 45 Meter langen Tunnel von einer Tiefgarage bis zur Rückwand des Tresorraums getrieben. Die Planung und die Arbeit mit einem Spezialbohrer muss nach Ansicht von Bergbauingenieuren ein knappes Jahr in Anspruch genommen haben – und war die Arbeit von mehreren Personen. Nachdem die Täter schließlich rund 300 Schließfächer ausgeräumt hatten, legten sie einen Brand, um Spuren zu verwischen. Erst durch den Feuerwehreinsatz flog die Sache auf. Die Bande hinterließ lediglich ein paar leere polnische Bierdosen und Flaschen sowie Lebensmittelverpackungen, Zigarettenstummel, das schwere Bohrgerät und zahlreiche Holzwinkel zum Abstützen des Tunnels. Auch die Holzwinkel stammten aus polnischer Produktion und wurden in Polen verkauft.

Von der Beute und den Tätern selbst aber fehlt bis heute jede Spur. Für Hinweise, die zur Aufklärung führen, wurde eine Belohnung von 50 000 Euro ausgesetzt, jeweils zur Hälfte durch das LKA und die Versicherung der Berliner Volksbank. Die Redaktion der *ZDF*-Sendung «Aktenzeichen XY ungelöst» ließ in ihrem Studio eigens den Tunnel nachbauen: in der bislang aufwändigsten Produktion seit dem Beginn der Ausstrahlung 1967. Aber all das sorgte nicht für eine Aufklärung des Falls. In den zweieinhalb Jahren ihres Bestehens gingen die 20 Mitglieder der Ermittlungsgruppe «Tunnel» des Berliner LKA 800 Hinweisen nach. Aber selbst von den zum Teil sehr individuellen Schmuckstücken, die in der Bank eingelagert waren, ist keines mehr aufgetaucht. Für die Ermittler ist das bis heute ein Rätsel, das sie sich nur mit ausgezeichneten Hehler-Kanälen ins außereuropäische Ausland erklären können. Mutmaßlich war der Wert der Beute sogar noch höher. Viele wohlhabende Kunden aus dem Berliner Südwesten hatten ein Schließfach dort; dem Vernehmen nach lagerte auch reichlich Schwarzgeld im Keller der Volksbank-Filiale. Den Verbleib des hochwertigen Schmucks vermuten die Ermittler in den GUS-Staaten oder im arabischen Raum: Dort könnte er jeweils relativ unbehelligt verkauft werden, und dort gibt es eine zahlungskräftige Klientel. Aber es ist nicht mehr als ein Verdacht, der auf dem Ausschlussprinzip gründet, auch weil die Ermittler den hiesigen Markt für heiß gehandelten Luxusschmuck gut im Blick haben.

Rückblickend sagte der Leiter der Ermittlungsgruppe, Torsten Schulz, dass die Spur nach Polen die greifbarste gewesen sei, aber leider «am Ende eine Einbahnstraße». Mehrere Spuren, die an Zigarettenstummeln entdeckt wurden oder Rückstände von Fingerschweiß, die an leeren Bierdosen hafteten, führten nach Polen und in die Niederlande. Doch die Zusammenarbeit mit den Kollegen beider Länder war erfolglos. Zwar konnten die Ermittler den Händler in Polen irgendwann ausmachen, der die Holzwinkel an ein mutmaßliches Mitglied der Bande verkauft hatte. Aber vernehmen durften sie ihn nicht. Weil sie als deutsche Polizisten nicht im Ausland ermitteln dürfen.

Noch immer ist die Fehlannahme in der Öffentlichkeit weit verbreitet, dass Polizisten auch jenseits der deutschen Staatsgrenzen ihrer Arbeit nachgehen dürfen. Dem ist aber nicht so. Umgekehrt geht es ausländischen Polizisten in Deutschland genauso.

Man würde die Souveränität der Nationalstaaten verletzen, die sich in der EU zu einem Staatenverbund zusammengeschlossen haben. Gleichwohl vermittelt die Öffentlichkeitsarbeit verschiedener Polizeibehörden ganz bewusst ein anderes Bild, das von vielen Redaktionen gerne weiterverbreitet wird – wegen der schönen von der Polizei inszenierten Bilder, auf denen sich deutsche Beamte in Uniform mit ihren ausländischen Kollegen einträchtig zeigen. Selbstverständlich unterhalten zahlreiche Dienststellen in Weil am Rhein, Aachen, Görlitz oder Passau gute Kontakte und stellenweise Kooperationen zu ihren Nachbarn. Und die Zusammenarbeit wird mit jedem Jahr ein bisschen besser. Aber sie gehen nicht «gemeinsam auf Verbrecherjagd», was viele Mediennutzer angesichts der beschriebenen Bilder denken sollen. Zumeist mangelt es an Informationen darüber, was in der internationalen Polizeizusammenarbeit funktioniert – und was eben nicht. Das wiederum würde die schönen Bilder zerstören.

Unterdessen stellt die völlig unzureichende Polizeizusammenarbeit für Deutschland in besonderem Maße ein Problem dar, weil es für die meisten Deliktarten der Eigentumskriminalität und für die meisten ausländischen Banden das Zielland ist. Deshalb stehen die deutschen Behörden vor allem im osteuropäischen Ausland zumeist als Bittsteller dar, sind von dem guten Willen der jeweiligen Behörden abhängig. Diese jedoch sind in den meisten Fällen selbst nicht durch das Wirken der in Deutschland aktiven Banden betroffen und benötigen ihre begrenzten personellen Ressourcen für die eigenen Fälle. Immer dann, wenn deutsche Behörden ausnahmsweise weitreichende Hilfe aus dem Ausland erhalten, ist das mit politischen Erwartungen verbunden. Die Partnerschaft hat ihren Preis. Ganz gleich, ob rumänische Ermittler bei der Aufklärung von Einbruchserien rumänischer Banden in Deutschland helfen. Oder ob polnische Staatsanwälte gegen heimische Autobanden vorgehen, die im Nachbarland aktiv sind: Dafür, dass sie den deutschen Kollegen dabei helfen, ihre exportierte Kriminalität zu bekämpfen, muss sich Deutschland eine politische Bringschuld aufladen, die dann auf anderen Politikfeldern eingelöst wird.

So war es auch bei dem Zustandekommen des aktuellen deutsch-polnischen Polizeiabkommens,[45] dem langjährige Verhandlungen zwischen dem Innenministerium in Warschau und dem Bundesministerium des Inneren (BMI) in Berlin vorausgegangen waren. Darin geht es vor allem um den direkten Informationsaustausch über laufende Verfahren zwischen den Polizeibehörden beider Länder, der bislang so nicht erfolgen konnte. Sie sind nunmehr verpflichtet, dem jeweiligen Wunsch der Gegenseite um Informationsübermittlung nachzukommen. Dieses Abkommen löste nach über 13 Jahren einen alten, völlig überholten Vertrag ab, der noch in einer Zeit geschlossen worden war, als Polen weder EU-Mitglied noch dem Schengen-Raum beigetreten war. Der auf internationale Polizeizusammenarbeit spezialisierte Rechtswissenschaftler Thomas Bode von der Europa-Universität Viadrina sprach in diesem Zusammenhang von einer «überholten Wirklichkeit».

Nachdem Bundesinnenminister Thomas de Maizière (CDU) bereits zu seiner Zeit im zweiten Kabinett unter Bundeskanzlerin Angela Merkel angekündigt hatte, dass dieses Abkommen unmittelbar bevorstehe, überdauerten die schwierigen Verhandlungen selbst noch seinen Nachfolger im Amt. Als de Maizière nach einer Zwischenzeit als Bundesverteidigungsminister schließlich in die gläsernen Bürozylinder des BMI am Spreeufer in Moabit zurückkehrte, musste er selbst noch fast zwei weitere Jahre warten, bis er schließlich das neue Polizeiabkommen unterzeichnen konnte. Am Ende hatte eine *ARD*-Fernsehdokumentation über gestohlene Autos, die diesem Text zu Grunde liegt, für eine Beschleunigung des Verfahrens gesorgt, wie Verhandlungsteilnehmer berichteten. Die beteiligten Behörden sahen sich angesichts der Berichterstattung über die massive Zunahme an Autodiebstählen

schließlich unter Druck gesetzt. Und die Innenpolitiker in Warschau waren es leid, dass in den westlichen Medien permanent
polnische Kriminelle vorgeführt wurden.

So konnte der Bundesinnenminister schließlich den neuen
Vertrag verkünden: «Dies wird dazu beitragen, die grenzüberschreitende Kriminalität in Zukunft noch wirksamer zu bekämpfen»,[46] sagte er und behauptete damit zugleich, dass die Sache mit
der Kriminalitätsbekämpfung bislang schon ganz gut laufe. Aber
das ist mitnichten der Fall. In der offiziellen Sichtweise ging es
also nicht darum, einen Missstand endlich aufzulösen, sondern
lediglich darum, etwas bereits Funktionierendes weiter zu opti-
mieren. Dem Sound dieser Verkündungsmaschine klangen einzelne Stimmen aus dem Bürozylinder entgegen. Zum Beispiel
diese von einem maßgeblichen Verhandlungteilnehmer: «Wir
wollten mit dem Abkommen ja etwas von den Polen, weil wir die
durch die Kriminalität Betroffenen sind. Und das wissen die Warschauer Kollegen ganz genau.» Am Sitz des polnischen Innenmi-
nisteriums widerspricht man dieser Sicht der Dinge jedenfalls
nicht. Zugleich formuliert man im Kreis der dortigen Verhandlungteilnehmer aber vorsichtig eigene Erwartungen: etwa politische Unterstützung aus Deutschland für das eigene Verteidi-
gungsinteresse gegenüber der aus Russland wahrgenommenen
militärischen Bedrohung. Die Diskussion über die äußere Sicherheit Osteuropas, insbesondere Polens und des Baltikums – dort
hat das westliche Verteidigungsbündnis, die NATO, ihre einzigen
gemeinsamen Außengrenzen mit Russland –, ist deshalb immer
auch im Lichte der inneren Sicherheit Deutschlands zu sehen.

Bislang ist es innerhalb der gesamten EU nur in vertraglich gesondert geregelten Einzelfällen erlaubt, dass deutsche Ermittler
jenseits der Grenze aktiv sind. Und zwar stets im zweistaatlichen
Tandem aus deutschem und ausländischem Ermittler – nach einem sehr aufwändigen Verfahren, wobei der Gast gegenüber den
einheimischen Behörden jeweils weisungsgebunden ist. Selbst

dann, wenn ein deutscher Polizist durch einen ausländischen Kollegen auf informellem Wege Kenntnis von einer wertvollen Information erlangt, weil die beiden sich beispielsweise persönlich kennen, darf der Hinweis aus dieser Quelle nicht den Weg in die Ermittlungsakte finden, die schließlich der Staatsanwaltschaft vorgelegt wird. Um die Spur der Holzwinkel aus dem Tunnelraub zu verfolgen, stellte der ermittelnde Berliner Staatsanwalt also ein offizielles Rechtshilfeersuchen an seine polnischen Kollegen mit der Bitte um eine Zeugenvernehmung durch die örtlichen Behörden. Diese wurde zwar durchgeführt, ergab allerdings nur wertlose Antworten, da die polnischen Beamten nicht nachhakten. Die schriftlichen Fragen der deutschen Ermittler an den Zeugen, den Werkzeughändler, wurden abgearbeitet – erledigt, der Sache offiziell Genüge getan. Das Protokoll wurde aufwändig ins Deutsche übersetzt und zurück zur Berliner Staatsanwaltschaft geschickt: Abgeschlossen war der Vorgang, und die Ermittlungsgruppe «Tunnel» steckte in ihrer Einbahnstraße.

In der Folge beauftragte die Versicherung der Berliner Volksbank, die zahlreiche Schließfachinhaber entschädigen musste, einen Privatdetektiv, der mit der Angelegenheit vertraut war, um den Werkzeugverkäufer in Polen selbst zu befragen. Aus dem Gespräch des ehemaligen BKA-Mitarbeiters mit dem Zeugen entstand in der Folge ein Phantombild des Kunden, der die Holzwinkel gekauft hatte, das bundesweit in den Medien verbreitet wurde. Demnach war das mutmaßliche Bandenmitglied auf keinen Fall ein Pole, aber eben auch kein Deutscher. Dass dies dem Einsatz des Privatdetektivs aus Berlin in Polen zu verdanken war, wurde den Medien allerdings nicht mitgeteilt. Und natürlich entstand dadurch der unzutreffende Eindruck, als habe das Berliner LKA mit der polnischen Polizei gemeinsam an dem Fall gearbeitet. Das Phantombild alleine brachte aber auch nicht den erhofften Erfolg. Die Einstellung der Ermittlungen zweieinhalb Jahre nach dem Tunnelraub wird beim LKA in Berlin bis heute als schmerzliche Niederlage empfunden, zumal der Personaleinsatz wegen des großen öffentlichen Drucks sehr hoch war. Aus Ermittlerkreisen hieß es später, dass dieser Fall ein regelrechtes Loch in der Behörde hinterlassen habe, in dem zahlreiche andere Fälle verschwunden seien. Bei den Tätern jedenfalls wird ihr Tunnelraub das Gefühl des perfekten Verbrechens ausgelöst haben.

Im Grunde steht den deutschen Behörden nur ein wirksames Instrument im Kampf gegen die international operierenden Banden zur Verfügung, deren Hintermänner fast immer im Ausland sitzen: das so genannte «Joint Investigation Team» – kurz JIT. Eine gemeinsame Ermittlungsgruppe von Behörden aus zwei oder mehr EU-Mitgliedsländern. Diese zeitlich befristete Konstruktion gilt unter Ermittlern und Fachleuten zurzeit als einzig wirkungsvoller Weg, um der Beschränktheit der nationalen Zuständigkeiten zu entkommen. Die internationale Ermittlungsgruppe setzt allerding eine vertragliche Vereinbarung der Partner voraus, beziehungsweise ihrer obersten Dienstbehörden. Und diese gilt nur für einen einzelnen Fall, der gemeinsam aufgeklärt werden soll. Ist der Fall abgeschlossen, wird die Gruppe aufgelöst. Es gibt keinerlei dauerhafte Ermittlungszusammenarbeit zwischen den EU-Mitgliedsstaaten. Für das erste JIT überhaupt zwischen Deutschland und Polen dauerten die Verhandlungen über zwei Jahre. Die Vereinbarung wurde schließlich von dem Brandenburger Generalstaatsanwalt und dessen polnischem Kollegen in Warschau unterzeichnet. Bis es so weit war, konnte die Bande, um die es ging, Autokriminelle aus dem westpolnischen Zielona Góra, weiter aktiv sein – bis sie schließlich dort vor Gericht landete.

Als Vorbild für diese gemeinsame Ermittlungsgruppe diente ein erfolgreiches JIT zwischen Litauen und dem Land Berlin, in dem es ebenfalls um organisierte Autokriminalität ging. Michael Will war für das LKA mit dabei. Seine bei dieser internationalen Ermittlung gesammelten Erfahrungen brachten ihn schließlich nach Den Haag, zu Europol. Dort erinnert er sich an den Effekt, den das Berliner LKA nur in Zusammenarbeit mit den Kollegen vor Ort in Litauen erzielen konnte: «Wir haben in Kaunas etwa einige sehr demonstrative Festnahmen gemacht, um ihnen zu zeigen, dass sie auch an ihrem Heimatort nicht sicher sind. Dass wir auch dorthin kommen und sie durchsuchen.»

In der Folge wichen litauische Banden ins Rhein-Main-Gebiet aus, um sich den Berliner Ermittlern zu entziehen. Einen ähnlichen Effekt konnten die Staatsanwälte aus Brandenburg beobachten: Nach dem ersten erfolgreichen JIT mit Polen wurden einzelne Autobanden von dort besonders in Sachsen aktiv. Inzwischen ist man mit diesem Modell in Serie gegangen, mit einer gemeinsamen Ermittlungsgruppe aus Polen, Brandenburgern und Sachsen.

Fahrräder aus Yuma

Eine aufwändig geplante gemeinsame Ermittlungsgruppe mit ausländischen Kollegen gegen organisierte Fahrraddiebe ist aus deutscher Sicht bislang nicht vorstellbar. Und auch hierzulande werden eigene Ermittlungsgruppen im Kampf gegen dieses grassierende Delikt nur äußerst selten eingerichtet. Dafür ist der Wert eines Fahrrades in den Augen derjenigen Behördenleiter einfach zu gering, die dafür ihr Personal abstellen müssten. Und der politische Druck ist nicht hoch genug, der bei der Aufklärung dieses Massendelikts auf ihnen lastet. Daher ist keine deutsche Ermittlungsbehörde erkennbar, die tatsächlich die Hintermänner dieses offenkundig zentral organisierten kriminellen Geschäfts im osteuropäischen Ausland ins Visier nimmt. Bis dahin werden auch weiterhin Hunderttausende von Fahrrädern gestohlen. Eigentümer besonders hochwertiger Exemplare müssen diese selbst schützen. Durch entsprechende Versicherungen, sehr gute Fahrradschlösser und vor allem sichere Unterbringungsmöglichkeiten. Wer sich in

Sachen Fahrraddiebstahl auf die Polizei verlässt, verfügt entweder über blindes Staatsvertrauen – oder er ist schlicht naiv. Bei diesem Delikt lässt sich eindeutig sagen, dass die Polizei gänzlich machtlos ist. Sie ermittelt kaum. Bei Fahrraddiebstählen hat der Staat längst kapituliert. Mutmaßlich zur Freude der Industrie, die massenhaft Fahrräder nachproduziert.

Ähnlich machtlos wie beim Fahrraddiebstahl agieren die deutschen Behörden auch bei der zunehmenden Zahl der Geldfälschungsdelikte: «Das sind Null-Nummern, weil Sie die Herkunft des Falschgeldes gar nicht verfolgen können», heißt es dazu aus kenntnisreichen Justizkreisen. Die Fälle werden angezeigt, abgelegt und eingestellt. Der Schaden bleibt also an demjenigen hängen, dem das Falschgeld untergejubelt wurde. Davor kann ihn der Staat nicht schützen. Das muss er selbst tun. Deshalb akzeptieren immer weniger Geschäfte große Banknoten, nehmen 100- oder 200-Euro-Scheine erst gar nicht an. Tankstellen kleben entsprechende Hinweise an ihre Zapfsäulen. Vor allem kleine inhabergeführte Läden gehen in den Großstädten inzwischen auch sehr skeptisch mit 50-Euro-Scheinen um. Wegen der Aussichtslosigkeit der Strafanzeigen dürften bei diesem Delikt besonders viele Fälle unangezeigt bleiben, und das Dunkelfeld entsprechend groß. Zur Abwendung des Schadens sehen Betroffene häufig leider nur eine Möglichkeit: das erkannte Falschgeld weiter in Umlauf zu bringen.

Wie beim Falschgeld beschränkt sich der Einsatz der Polizei beim Fahrraddiebstahl zumeist auf Präventionskampagnen. Das räumt auch Oberstaatsanwalt Bernhard Brocher ein, dessen Staatsanwaltschaft in Cottbus erstmals ein Schlag gegen eine organisierte Bande aus der polnischen Nachbarschaft gelungen ist. «Wir haben normalerweise nicht die Ressourcen, um Banden von Fahrraddieben mit den Mitteln zu bekämpfen, die wir sonst für schweren Bandendiebstahl, bei Wohnungseinbruch oder LKW-Diebstahl oder so, anwenden», sagte er in einem Fernsehinterview.

Beim Fahrraddiebstahl wird also nicht so ermittelt, wie es recht-lich und technisch möglich wäre, wenn man personell ausrei-chend ausgestattet wäre.

Für die dreijährige Arbeit in seiner eigenen Ermittlungsgruppe «Pegasus» wurden zahlreiche Kriminalpolizisten aus dem ganzen Bundesland abgestellt, was wiederum von anderen Dienststellen massiv kritisiert worden ist. Eine solche personalintensive Vorge-hensweise setzt einen besonderen politischen Willen der jeweili-gen Landesregierung voraus. Die Bekämpfung der organisierten Kriminalität bleibt also eine politische Entscheidung. Die Ermitt-lungen von Polizei und Staatsanwaltschaft richteten sich bei «Pe-gasus» gegen 49 Täter, die in Mecklenburg-Vorpommern, Sach-sen und Brandenburg mindestens 550 Fahrräder im Wert von 360 000 Euro gestohlen haben sollen. Ein Musterverfahren, das mit einem Achtungserfolg endete. Und mit einer Botschaft an sämtliche Täter, die zum Fahrradklau nach Deutschland kom-men. Die aufwändigen Ermittlungen: abgehörte Telefone und Lock-Fahrräder, die mit GPS-Geräten von der Polizei manipuliert worden waren, konnten allerdings nur funktionieren, weil die Tä-ter aus der Nachbarschaft kamen, zu deren Sicherheitsbehörden man über Jahre aufgebaute Kontakte unterhielt. Die in Deutsch-land gestohlenen Fahrräder wurden zentral in einer Scheune in einem kleinen Ort hinter der Grenze gesammelt und von dort aus weiterverkauft. «Es ist gut möglich, dass es zahlreiche solcher Sammelpunkte gibt und der Handel mit gestohlenen Fahrrädern zentral organisiert wird», sagt Oberstaatsanwalt Brocher. Über-prüfen kann und wird er das nicht. Dafür fehlen die Mittel.

Die Aufklärungsquote bei Fahrraddiebstahl liegt in vielen Städ-ten um die fünf Prozent. Die Pressestelle der Berliner Polizei ver-wies bei einer Nachfrage darauf, dass es eben immer mehr Fahrrä-der gebe. Und damit auch mehr Tatgelegenheiten. Entsprechende Anfragen in zwei weiteren Bundesländern wurden mit ähnlich lautenden Erklärungen beantwortet. Mehr Fahrräder als Ursache für den drastischen Anstieg der Diebstähle? Das ist wohl nicht mehr als eine Ausrede angesichts einer Vorgehensweise, wie sie die Zeugin Eva-Maria Scheel aus Berlin-Charlottenburg beschreibt: Als sie ihr Fahrrad tagsüber vor einer S-Bahn-Station abstellen wollte, war sie genauso erstaunt wie alle anderen Zeugen des Blitzdiebstahls. Ganz plötzlich hielt ein weißer Transporter an. «Dann sind drei Menschen rausgesprungen, einer ist sofort mit einem Bolzenschneider zur Fahrradabstellanlage gerannt, hat die Schlösser geknackt, die anderen haben etwa fünf Fahrräder sofort eingeladen. Dann sind sie wieder rein ins Auto und weg waren die.» Die meisten Passanten seien völlig perplex gewesen und hätten angesichts der entschlossen handelnden Männer mit den großen Werkzeugen wohl auch Angst gehabt. Auf jeden Fall habe in diesem Moment niemand etwas gegen die Täter unternommen. Als schließlich die Polizei erschien, waren sie längst wieder verschwunden. Für die Berliner Landesvorsitzende des Allgemeinen Deutschen Fahrradclubs (ADFC) war das ein Schockmoment. In offiziellen Briefen forderte ihr Verband die Polizei dazu auf, Sonderkommissionen gegen den organisierten Fahrraddiebstahl einzurichten. Erst auf weitere Nachfrage erwähnt ein Polizeisprecher die «organsierten Gruppen», wie sie Eva-Maria Scheel beobachtet hat. Diese würden oft ähnlich vorgehen wie Autodiebe, die in Richtung Polen fliehen. «Bei diesem Diebstahl von Fahrrädern ist davon auszugehen, dass sie mit Lastwagen dorthin abtransportiert werden.» Solche «Angriffe auf Fahrradabstellanlagen», wie sie auf Polizeideutsch genannt werden, häufen sich seit einigen Jahren deutschlandweit. In besonders dreisten Fällen hantieren die Täter mit Brennschneidern und flexen im Nu reihenweise Fahrradschlösser auf.

Immer wieder stößt die Bundespolizei an den deutschen Außengrenzen zu Tschechien und Polen ebenso wie in den Ostseehäfen, von denen aus die Fähren ins Baltikum fahren, auf Kleintransporter vollgestopft mit Fahrrädern. Entsprechende Meldungen der Polizei lesen sich wie diese: «Dienstag gegen 16:15 Uhr kontrolliert eine Streife auf der Bundesautobahn 12, am Rastplatz Frankfurter Tor, einen VW-Kleintransporter aus dem Zulassbezirk Homburg. Auf der Ladefläche des Fahrzeuges führte der 23-jährige Fahrer aus Lettland 27 neuwertige Fahrräder mit. Einen Eigentumsnachweis konnte der junge Mann jedoch nicht vorlegen. Erste Ermittlungen ergaben, dass die Fahrräder eine Nacht zuvor bei einem Fahrradhändler in Wallerfangen (Saarland) gestohlen wurden. Das Diebesgut hat einen Gesamtwert von ca. 56 000 Euro.»

Auf Nachfrage bei den Fahrern ist dann häufig die Rede davon, dass man die Fahrräder gebraucht auf einem Markt gekauft habe. Zumeist fehlt der Nachweis dafür, und nur in den wenigsten Verdachtsfällen können einzelne gestohlene Fahrräder tatsächlich einem Eigentümer zugeordnet werden. Aber selbst dann wird der Fahrer nicht in Haft genommen, zumal, wenn er einen festen Wohnsitz innerhalb der EU nachweisen kann. Im Idealfall kommt es schließlich zu einem Prozess in Deutschland, zu dem der Verdächtige dann geladen wird. So war es etwa bei einem Beschuldigten aus Litauen, der sich vor dem Amtsgericht in Schwedt/ Oder verantworten sollte, weil er bei dem Versuch gefasst worden war, 16 mutmaßlich gestohlene Fahrräder mit seinem Kleintransporter über die Grenze zu bringen. In dem schmucken Bau der Backsteingotik, in dem das Amtsgericht untergebracht ist, erschien der Mann allerdings nie. Dort sitzt Amtsrichter Jan Wilke in seinem klassisch holzgetäfelten Gerichtssaal und erklärt, dass er auch nichts Anderes erwartet hatte: «Es ist ja die Regel, dass Angeklagte aus Osteuropa nicht hier erscheinen.» Anders ist es bei Angeklagten aus Deutschland: «Es zeigt sich eindeutig, dass viele Täter hier die Grenzlage ausnutzen, weil sie genau wissen, dass es ein Leichtes ist, Fahrräder in Polen zu verkaufen.» Für den bedächtigen Richter ist das kein Grund zur Aufregung. Dafür hat er ausreichend Dienstjahre hier an der Grenze verbracht; er sieht die ganze Sache realistisch. Aber natürlich hegt auch er den Verdacht auf ein ganzes Geflecht von Hehlern und Dieben.

Ein solches könnte zum Beispiel hinter dem Zigarettenhändler im benachbarten Grenzdorf Krajnik Dolny stecken, bei dem eine Bande jugendlicher Täter nachweislich hundert gestohlene Fahrräder abgegeben hat. Dort allerdings konnte kein Abgleich mit den Daten der rund eine Million in Deutschland gestohlenen Fahrräder stattfinden, weil sie für die polnische Polizei, wie für sämtliche Polizisten im Ausland, nicht einsehbar sind. Sie werden erst gar nicht in dem europäischen Fahndungssystem erfasst. Fachleute sprechen davon, dass sie «ausgefiltert» werden. Im Ausland wird dem Fahrraddiebstahl durch die Sicherheitsbehörden eine noch sehr viel geringere Bedeutung beigemessen als in Deutschland. Dort fällt dieses Delikt buchstäblich durchs Raster. Auch deshalb boomt der Handel mit dem Stehlgut aus Deutschland. Die Herkunft der Fahrräder interessiert in Osteuropa kaum jemanden: in Warschau ebenso wenig wie in Vilnius, Tallinn, Kiew oder Bukarest. Und so lebt eine komplette kriminelle Branche von der Hehlerei. Bislang ist nicht absehbar, dass sich daran etwas ändert. Solange die Nachfrage da ist und niemand den kriminellen Handel verhindert, werden die Verkäufer sich Nachschub aus dem reichen Deutschland besorgen, wo die Polizei wiederum kaum etwas gegen den Massendiebstahl unternimmt.

Entlang der deutsch-polnischen Grenze, aber nicht nur dort gibt es ganze Ortschaften, deren bescheidener Wohlstand aus der Kriminalität der Nachwendejahre und der darauf folgenden Zeit nach der Grenzöffnung stammt. Statt zum «Klauen nach Deutschland» gehen sie seither nach «Yuma», was zum geflügelten Wort für dieselbe Sache wurde. Frei nach einem in Polen beliebten US-amerikanischen Westernklassiker, der ausgerechnet im Jahr des polnischen Schengen-Beitritts eine Neuverfilmung erlebte («3:10 to Yuma» – in der deutschen Version: «Todeszug nach

Yuma»). Darin geht es um einen kriegsversehrten Farmer, der sich im Arizona des ausgehenden 19. Jahrhunderts für 200 Dollar auf einen waghalsigen Job einlässt, um sein Anwesen zu retten. In derselben Rolle sehen sich viele polnische Diebe und Schmuggler, die daraus eine Rechtfertigung für ihre Kriminalität drechseln. Fünf Jahre später wurde in Polen schließlich ein eigener Kinofilm mit dem Titel «Yuma» produziert. Darin zeigt sich das kriminelle Kaleidoskop einer polnischen Kleinstadt in Grenznähe, deren Protagonisten sich auf «Yuma» spezialisiert haben, was sich schließlich zu einem immer größer werdenden Geschäft entwickelt. Tatsächlich haben längst viele polnische Kriminelle mit einer Vergangenheit à la «Yuma» den Weg in tragende gesellschaftliche Positionen gefunden. Und ihre Vergangenheit ist heute ebenso irrelevant wie vor Jahren die Herkunft ihres plötzlichen Wohlstands.

Der große Klau

Auch einem berühmten Hollywood-Star ist es schon passiert. Wie hunderttausende anderer Besucher und Bewohner Berlins in den vergangenen Jahren wurde der Schauspieler bei einem seiner Deutschlandbesuche beklaut: Unmittelbar nach der Ankunft am Flughafen Schönefeld verschwand seine Geldbörse. An das «Wie» konnte er sich nicht erinnern. Aber wie vielen anderen auch war ihm dieser Vorfall ziemlich unangenehm, unabhängig vom finanziellen Verlust. Der liegt bei den zuletzt jährlich 50 000 angezeigten Fällen von Taschendiebstahl in Berlin bei durchschnittlich 319 Euro. Der Schaden geht jährlich in die Millionen. Erfahrene Ermittler gehen von einer Dunkelziffer aus, die zehnmal höher ist als die Zahl der tatsächlich angezeigten Fälle. Demnach werden in Berlin jedes Jahr in etwa so viele Menschen Opfer von Taschendieben, wie Einwohner in Hannover oder Frankfurt/Main leben. Das sind wohlgemerkt die Schätzungen eines der profiliertesten Ermittler Deutschlands auf dem Gebiet. Aber selbst von offizieller Seite, hier der Bundespolizei, wird die Dunkelziffer noch auf das Fünffache geschätzt – von einer Behörde, die Zahlen naturgemäß eher konservativ ansetzt.

Besonders Touristen tragen häufig viel Bargeld bei sich, vor allem solche aus Asien. Viele von ihnen reisen mit vierstelligen Geldbeträgen in den Taschen durch Europa. Weil sie aus einer Bargeldkultur kommen, sind sie die beliebtesten Opfer der Taschendiebe. Aber jeder kann zu jeder Zeit im öffentlichen Raum deutscher Großstädte Opfer von Taschendieben werden, die es zusätzlich auf Smartphones, Uhren und Schmuck abgesehen haben – nicht nur in Berlin. Wie viel Geld in der Börse des Hollywood-Stars steckte, ist nicht überliefert. Obwohl Opfer einer Straftat, fühlte sich der Superstar mutmaßlich selbst ertappt – bei der eigenen Unachtsamkeit. Immerhin zeigte er den Diebstahl an. Sein Management sorgte allerdings mit Nachdruck dafür, dass der Fall nicht an die Öffentlichkeit kam. Den Behörden war es recht; die Nachricht über den beklauten Kinostar wäre zweifelsfrei durch die Weltpresse gelaufen. Berlin hätte einen Imageschaden erlitten, denn die Touristen strömen auch deshalb massenhaft in die Stadt, weil diese im Gegensatz zu anderen Hauptstädten der Welt noch immer als weltoffene und zugleich friedliche Metropole gilt. Und die Sicherheit ist ein wichtiges Alleinstellungsmerkmal im Wettbewerb mit Paris, London, New York, Moskau oder Rio de Janeiro. Sie ist auch einer der Gründe, weshalb sich Wohlhabende aus aller Welt auf dem Berliner Immobilienmarkt einkaufen, nachdem sie ein paar Mal in der Stadt waren. Aber die deutsche Hauptstadt holt auf. Die Kriminalität nimmt zu. Wohnungseinbrüche und Diebstähle sind in den vergangenen Jahren drastisch angestiegen. Das liegt vor allem an organisierten Banden, die aus dem Ausland in die Stadt kommen und hier systematisch ihr kriminelles Geschäft betreiben. Zuletzt stieg die Zahl der Straftaten jährlich um etwa fünf Prozent. Als Hauptstadt ist Berlin auch in Sachen Kriminalität ein Trendbarometer für ganz Deutschland. Rund 12 000 Einbrüche in Häuser und Wohnungen werden hier jährlich angezeigt, also mehr als 30 am Tag. Dieses kriminelle Niveau hatte die Stadt viele Jahre lang nicht erleben müssen.

Über die Terrasse ins Schlafzimmer

Die bundesweite polizeiliche Kriminalstatistik erreichte 2015 einen Höchststand bei den Einbrüchen, die im Vergleich zum Vorjahr erneut um zehn Prozent angestiegen waren, auf rund 170 000 Fälle. Ein Wert, der seit den 1990er Jahren nicht mehr erreicht worden war. Und der Trend setzt sich weiter fort. Demnach wird alle drei Minuten irgendwo in Deutschland in eine Wohnung eingebrochen. Und das in den meisten Fällen nicht zufällig, sondern planmäßig und organisiert. Seit der Erweiterung des Schengen-Raumes Ende 2007 wuchsen die Zahlen drastisch an, bundesweit um bislang über 53 Prozent – mit steigender Tendenz. Der kausale Zusammenhang zwischen dem Wegfall der Grenzkontrollen und dem Anstieg der Kriminalität ist offensichtlich und stellt nicht nur die Sicherheitsbehörden vor eine ernsthafte Herausforderung, sondern die Politik vor ein bislang ungelöstes Problem, mit dem sie in der Öffentlichkeit nur sehr zögerlich umgeht. Ganz offensichtlich aus Angst vor der Reaktion ihrer Wähler.

Denn die Betroffenheit der Menschen in Deutschland ist bereits jetzt sehr hoch. Und sie wächst mit jedem weiteren Einbruch. Wer selbst so eine Straftat erlebt hat, weiß, dass der Schaden, der dabei entsteht, meist sehr viel höher ist als der rein materielle Verlust. Dieser lässt sich zwar über die nüchternen Zahlen der Versicherungswirtschaft darstellen: über eine halbe Milliarde Euro im Jahr. Aber für den seelischen Schaden der Einbruchsopfer gibt es keine Zahl. Viele Menschen sind nach dem als brutal erlebten Eingriff in den intimsten Lebensbereich traumatisiert. Die Zeit nach dem ersten Schock beim Anblick einer durchwühlten Wohnung, von aufgehebelten Fenstern, hektisch ausgeräumten Schubladen, zerstörtem Mobiliar oder aufgebrochenen

Tresoren, füllt sich oft mit einem dauerhaften Gefühl der Angst. Auch in den Fällen, bei denen es zu keinerlei Begegnung zwischen Opfern und Tätern kommt, ist dies der Fall. Denn alleine die Vorstellung, dass es dazu hätte kommen und dass ein Fremder in die eigene Privatsphäre hat eindringen können, bringt viele Menschen, die einen Einbruch erleiden mussten, aus dem Gleichgewicht. Der Gedanke daran belastet Familien wie Alleinlebende massiv – wenn auch häufig auf unterschiedliche Weise.

Oftmals ist nach einem Wohnungseinbruch nichts mehr so, wie es mal war: der häusliche Frieden ist gestört durch ein dauerhaft präsentes Bedrohungsgefühl. Viele Einbruchsopfer stellen ihr Leben um, verbarrikadieren sich oder entwickeln ansatzweise paranoide Zustände: Schichtdienste werden umorganisiert, damit der Lebenspartner nachts nicht alleine bleiben muss, Alarmsysteme werden angeschafft, Urlaubsplanungen verworfen. Fast jedes zehnte Einbruchsopfer wechselt gar die Wohnung. Viele ziehen einen solchen Schritt zumindest in Betracht, stellen sich Fragen wie: Was ist, wenn sie kommen, wenn ich zu Hause bin? Was passiert dann mit mir? Mit meinen Kindern? Wie kann ich mich schützen? Diese Fragen erreichen in den Fällen eine besondere Relevanz, in denen die Einbruchsopfer tatsächlich zu Hause gewesen sind, als die Täter kamen. Oder in denen es gar zum Äußersten kam: nämlich zu direkter körperlicher Gewalt. Die ist zwar die absolute Ausnahme, aber im allgemeinen Gefühl der Schutzlosigkeit entfalten Meldungen vorübergehender Geiselnahmen bei Wohnungseinbrüchen, von gewaltsamen Überfällen oder massiven Bedrohungen von Hauseigentümern eine große Wirkung. Sie verbreiten Angst, die der Staat zurzeit nicht zu nehmen in der Lage ist.

In diesem Bewusstsein entstand auch der Koalitionsvertrag der Bundesregierung aus der vergangenen Legislaturperiode. Dort heißt es, dass die Einbruchskriminalität die Menschen «über den materiellen Schaden hinaus» verunsichere. Daraus folgerte man, dass der «Schutz vor Wohnungseinbrüchen verbessert» werden solle. Passiert ist seither allerdings wenig, abgesehen von dem hilflos anmutenden Bemühen, die Bürger selbst zu mehr Achtsamkeit zu ermahnen. Viel mehr fällt den zuständigen Innenministern von Bund und Ländern nicht ein, um dem massiven Kriminalitätsdruck vor allem aus Ost- und Südosteuropa zu begegnen. Bis hinunter in jede Polizeibehörde vermittelt sich nun dieser Kampagnencharakter der mittelbaren Kriminalitätsbekämpfung. Hilfreich allerdings sind die praktischen Erfahrungen der Polizei, die sich aus unzähligen Tatortermittlungen ergeben. Ein Kriminalkommissar der Abteilung «technische Prävention» schildert ein typisches Einbrecherverhalten: «Wenn der Dieb die Wahl hat, steigt er lieber ins Einfamilienhaus ein als in die Wohnung. Das Entdeckungsrisiko ist kleiner. In einem Treppenhaus ist immer Publikumsverkehr, ein Garten ist weniger einsehbar, das ist ja der Sinn eines Gartens. Der Dieb kommt nur in zwölf Prozent der Fälle durch die Haustür. In etwa 50 Prozent steigt er durch die Terrassentür ein, dann – mit über 30 Prozent – kommen die Fenster. Kellerschächte sind mit etwa fünf Prozent dabei. Beim Diebesgut geht es fast nur noch um Schmuck und Bargeld, um Wertsachen, mit denen der Einbrecher sich nicht abschleppen muss und die er leicht umsetzen kann. Gemälde, Technik? Zu aufwendig. Das erklärt, weshalb Diebe zuerst ins Schlafzimmer gehen. Da bewahren die Frauen ihren Schmuck auf, den wertvollen, den sie selten tragen.»[47]

Besonders betroffen sind neben Berlin vor allem Hamburg und Bremen – in besonderem Maße auch die Großstädte in Nordrhein-Westfalen. Den bundesweiten Negativrekord hält Dortmund im Ruhrgebiet, eine regelrechte Aktionszone für reisende Banden. Dort ist das Einbruchsrisiko pro 100 000 Einwohner deutschlandweit am höchsten (580 Taten). Auch deshalb kämpft die Polizei gemeinsam mit der dortigen Lokalzeitung, den *Ruhr-*

Nachrichten, seit Jahren schon gegen die wuchernde Kriminalität an: mit gut besuchten Aktionstagen («Riegel vor gegen Einbrecher») im Verlagshaus, Sonderpublikationen und wiederkehrenden Artikelserien für die Frühstückstische der tatsächlichen und potenziellen Einbruchsopfer in der Stadt. Denn, so der Sprecher der Dortmunder Polizei: «Jede Veröffentlichung zum Thema Wohnungseinbruch erhöht das Problembewusstsein der Menschen.» So heißt es in der Zeitung: «Eine aufmerksame Nachbarschaft ist die halbe Miete. Wer dann Türen und Fenster richtig sichert, schafft optimalen Schutz gegen Einbrecher. Eigentümer und Mieter können ihre Werte auch mit wichtigen technischen Standards schützen».[48]

Einer der Gründe für die massive Einbruchsbelastung des Ruhrgebiets ist die große Zahl von Bandenmitgliedern aus Rumänien und Bulgarien, die sich in den vergangenen Jahren hier angesiedelt haben – oder hier zeitweilig Unterkunft finden. In Städten wie Dortmund hat sich eine regelrechte kriminelle Subkultur gebildet. Einige der Banden, die sich dieses Aktionsgebiet ausgeguckt haben, organisieren sich sogar als «Klüngelkerle», teilweise über kleine angemeldete Gewerbebetriebe einzelner Landsleute, die als Residenten agieren. Sie fahren in alten Lieferwagen durch die Wohngebiete und sammeln Metall ein: alte Heizkörper, Fahrräder, Waschmaschinen oder Fallrohre. Während dieser ganz legalen Geschäftätigkeit, die einer traditionellen Gewohnheit von Hausbesitzern in Deutschland folgt, spähen sie mit kleinen Bordkameras ganze Wohnviertel aus. Über «Dashcams» auf den Armaturenbrettern oder «Go-Pros» machen sie sich aus ihren langsam umher fahrenden Transportern ein genaues Bild der Einbruchsreviere, mittels dem sie Hindernisse und Risiken besser einschätzen können. Zugänge, Fenster, Türen, Hecken, Zäune, Hunde, alles wird registriert. Später kommen dann andere Täter und brechen in die zuvor ausgespähten Häuser ein. Ständig bewegen sie sich zwischen den Städten des Ruhrgebiets hin und her und fortlaufend reisen neue Täter an, andere ziehen weiter. Und die Polizei hat in den meisten Fällen das Nachsehen.

Sie setzt unterdessen vor allem auf die Bürger als Partner in der Kriminalitätsbekämpfung. Die dahinter steckende zentrale Aufklärungskampagne ist – bezogen auf das von der Polizei angesprochene Problembewusstsein – sinnvoll. Aber sie greift für sich genommen viel zu kurz. Solange die reisenden Einbrecherbanden weiterhin straflos bleiben, wird diese Kampagne nur eine sehr begrenzte Wirkung haben. Wenn es der Polizei nicht gelingt, die Handlungskette der Banden zu durchbrechen, wird der Einbruchstrend nicht aufzuhalten sein: angefangen beim systematischen Ausspähen von Wohnquartieren über die eigentliche Tatbegehung der zumeist aus dem Ausland eingereisten Einbrecher und die logistische Organisation der Unterbringung, Versorgung und des Transports der Täter bis zu dem Verbleib des Stehlguts. Die Aufklärungsquote bei Einbrüchen liegt europaweit stets um die 15 Prozent. In Deutschland betrug dieser Wert zuletzt 14,1 Prozent, ist also im internationalen Durchschnitt. In den besonders betroffenen Großstädten befindet sich die Quote aber deutlich darunter, im einstelligen Bereich. In Berlin waren es zuletzt 8,5 Prozent. Diese Zahlen sagen allerdings gar nichts über die Folgen für die Täter aus. Denn aufgeklärt ist ein Sachverhalt bereits dann, wenn ein Tatverdächtiger ermittelt wurde. Bis zu einer tatsächlichen Verurteilung liegt in Deutschland allerdings noch eine riesige Spanne, in der das Gros der Tatverdächtigen auch weiterhin straflos bleibt. Denn die tatsächliche Verurteilungsquote liegt bei höchstens drei Prozent. Zu diesem Ergebnis kommt jedenfalls das Kriminologische Forschungsinstitut Niedersachsen (KFN). Noch niedriger als bei den Wohnungseinbrüchen sind Aufklärungs- und Verurteilungsquote bei einem weiteren Massendelikt, das Deutschland seit dem Wegfall der Grenzkontrollen regelrecht heimsucht – dem Taschendiebstahl.

Der Rolltreppentrick

Zumeist werden Taschendiebstähle noch als Bagatelldelikt verbucht. Doch die Szenerie hat sich geändert. Die Täter kommen jetzt in größeren Gruppen, bleiben über einen längeren Zeitraum und stehlen im großen Stil. Ermittler sprechen längst von organisierter Kriminalität. Zu den ersten Beamten, die eine hierarchisch organisierte Gruppe im Hintergrund vermuteten, gehört Sven Lichtenberg von der Berliner Direktion der Bundespolizei, Abteilung Kriminalitätsbekämpfung. «Lichte», wie ihn alle Kollegen nennen, ist ein «Zivi» in Lederjacke und mit Dreitagebart. Mit seinem Spitznamen kann er gut leben. Jetzt sitzt er beim schwarzen Kaffee im «Albert's» am Stuttgarter Platz in Charlottenburg und erzählt: «Früher hatten wir mehr die Einzeltäter, die alleine unterwegs waren und in ihre eigene Tasche gearbeitet haben. Die waren auch wirklich nur ein, zwei Tage in Berlin», manchmal Deutsche, häufig Polen, die mit dem Zug aus dem nahen Nachbarland anreisten und gleich nach ihrer Ankunft am Bahnhof loslegten: «Seit einigen Jahren aber beobachten wir, dass massiv Gruppen nach Berlin kommen, um im großen Stil über längere Zeit Taschendiebstahl zu begehen.» Und dabei ist der «Stutti» die Basis der rumänischen Taschendiebe. In den billigen Hotels am «S-Bahnhof Charlottenburg» beziehen sie Quartier. Früher war hier das Rotlichtviertel der Stadt, unter dieser Adresse fanden Messe- und Tagungsbesucher einschlägige Animierlokale. Während in den edlen Altbauten der Nachbarstraßen inzwischen die Quadratmeterpreise wuchern, hat die Gentrifizierung zwei Häuserzeilen vergessen: Die Hotels gehören Russen, die bei Nachfragen der Polizei nur mit den Schultern zucken. Wenn gerade keine Rumänen kommen, vermieten sie an das Land Berlin – für Flüchtlinge – oder an Rucksacktouristen mit knapper Kasse. Bei einem Zug um die Häuser erkennt «Lichte» seine Stammkundschaft. Er zeigt gleich auf mehrere junge Männer, Rumänen, deren Namen er parat hat. Aus einem laufenden Verfahren. Es geht schon wieder los. Genau wie damals, im Sommer vor drei Jahren.

An einigen S- und U-Bahnhöfen häuften sich damals die Taschendiebstähle. Auch die Festnahmen durch seine Kollegen der «Ermittlungsgruppe Tasche» wurden von Tag zu Tag mehr, vor allem am Bahnhof Zoo und am Bahnhof Friedrichstraße. «Dort kamen täglich Anzeigen gegen unbekannt. Nachdem Rolltreppen angehalten worden waren, wurden darauf stets ältere Menschen bestohlen. Dabei wurden als Täter immer Jugendliche beschrieben.» In einigen Fällen müssen die Festgenommenen sogar in Handschellen zu einem zahnmedizinischen Gutachter in eine Arztpraxis gebracht werden, damit dort anhand ihrer Zähne ihr tatsächliches Alter festgestellt wird. Viele der Tatverdächtigen haben keine Ausweispapiere dabei, und manche geben an, noch nicht im strafmündigen Alter zu sein. Meist operieren sie in kleinen Teams: zu zweit oder zu dritt. Ein Täter sichert die Umgebung und hält nach unliebsamen Zeugen Ausschau. Dann schleicht sich der Haupttäter an – und zieht dem Opfer von hinten das Portemonnaie aus der Tasche. Nach ein paar Sekunden ist der Diebstahl gelaufen. Das Team widmet sich dem nächsten Klau. Und die Opfer merken oft erst Stunden, manche sogar erst Tage später, dass sie bestohlen wurden.

Allmählich vermuten die Polizisten der «EG Tasche», dass eine Organisation dahintersteckt. Aber die Festgenommenen schweigen. Sie alle sind rumänische Staatsbürger aus der Volksgruppe der Roma, und sie alle kommen aus derselben Stadt: aus Iaşi im Osten Rumäniens, 30 Kilometer vor den Außengrenzen der EU. Auf Lichtenbergs Rechner wächst eine Struktur mit den persönlichen Daten der Tatverdächtigen, Tatorten, Verwandtschaftsbeziehungen, Handynummern. Aus den einzelnen Festnahmen wird schließlich ein Ermittlungsverfahren mit dem Namen «Scara rulanta», rumänisch für Rolltreppe, weil viele Opfer auf Rolltreppen bestohlen werden. Es ist die Masche der Bande. Dort funktioniert es besonders gut, weil die Betroffenen noch weniger als sonst merken, dass sie beklaut werden. Fortan werden einzelne Taschendiebe in Berlin observiert, ihre Telefone werden abgehört, die Protokolle werden übersetzt. Die Ermittlungen nehmen Fahrt auf. Die Struktur auf Lichtenbergs Rechner wächst, das Verfahren wird größer.

Nach zähen Verhandlungen überzeugt die Bundespolizei die Berliner Staatsanwaltschaft schließlich, aus der Sache ein aufwändiges, also teures und personalintensives «OK-Verfahren» zu machen. Es wird offiziell als solches geführt und fließt in die «OK-Statistik» des BKA ein. Am Ende werden alleine die Übersetzungskosten der zahlreichen Telefonate unter den Tatverdächtigen die öffentliche Hand einen sechsstelligen Betrag kosten. Aber die Protokolle der abgehörten Gespräche werden wesentlich dazu beitragen, diese eine Bande vorübergehend aus dem Geschäft zu nehmen. Sie liefern den Beleg dafür, dass die Taschendiebe in Berlin aus ihrer Heimatstadt in Rumänien regelmäßig Anweisungen darüber erhalten, wann, wo und mit wem sie auf Klautour zu gehen haben. Und wie viel Geld sie mindestens erbeuten müssen. Die Abhörprotokolle werden dafür sorgen, die polizeilichen Kenntnisse über diese «Mafia der Taschendiebe» auf einen völlig neuen Stand zu bringen, an dem sich fortan Behörden aus ganz Europa orientieren. Denn bei der Tätergruppe aus dem Verfahren «Scara rulanta» handelt es sich bloß um eine der zahlreichen reisenden Banden, die als Eigentumskriminelle wie Handlungsreisende in Sachen Klau durch ganz Europa ziehen. Und sich für eine gewisse Zeit an Orten niederlassen, die sie als lohnenswertes Revier ausmachen. Das ist beim Taschendiebstahl ähnlich wie bei Haus- und Wohnungseinbrüchen, von denen einzelne Gegenden in Deutschland in wiederkehrenden Wellenbewegungen erfasst werden. Vor allem an der Abstellung von Personal und anderen Kostenfragen, wie etwa den Übersetzungen überwachter Telefonate, entscheidet sich, ob der Staat Delikte wie Taschendiebstahl, Wohnungseinbrüche etc. straflos lässt – oder nicht. Es bleibt eine einfache Rechnung, wie viel Sicherheit sich der deutsche Staat leisten kann und will. Denn Sicherheit kann man kaufen. Der Dienst, den Polizei und Staatsanwaltschaft an den Bürgern leisten, hängt vor allem davon ab, wie viel die Politik bereit ist zu investieren. In dieser Hinsicht ist «Scara rulanta» Ausnahme und Präzedenzfall zugleich.

Ausschlaggebend für den zuständigen Staatsanwalt war schließlich, dass Kinder und Jugendliche regelrecht zum Klauen «abgerichtet» wurden, wie er sagt: «Die Eltern haben ihre eigenen Kinder hierhergeschickt, um Taschendiebstähle zu begehen. Diese Familien leben davon, betreiben es wie eine Art Firma.» Der grundsätzlich sehr um Sachlichkeit bemühte Jurist scheint darüber noch mehr empört zu sein als über den eigentlichen Schaden, den die Täter in Berlin anrichten. In seiner Abteilung «Organisierte Kriminalität» ermittelt er sonst gegen Rockerbanden oder gegen kriminelle arabische Clans. Zuletzt ging es dort um einen spektakulären Mordanschlag mit einer Autobombe, die mitten im morgendlichen Berufsverkehr auf einer viel befahrenen Hauptstraße in Charlottenburg explodierte und einen Drogenhändler tötete. Aber auch die Berliner Staatsanwälte denken allmählich um, was sie als «organisierte Kriminalität» bewerten. Weil sie sehr wohl wissen, dass die Häufung dieser Eigentumsdelikte und die unmittelbare Betroffenheit bei den Bürgern längst das subjektive Sicherheitsempfinden massiv beeinflussen. «Scara rulanta» wird daher schließlich zum größten Verfahren, das in Europa jemals gegen organisierten Taschendiebstahl geführt worden ist.

Die europäische Polizeibehörde Europol in Den Haag spricht von einem «Pilotverfahren». Dort war das Interesse besonders groß, dass die deutschen Behörden alle Mittel gegen die Taschendiebe nutzen würden, die der Rechtsstaat zu bieten hat. Der Kampf gegen reisende Diebes- und Einbrecherbanden ist in Den Haag längst als Priorität ausgemacht worden, anders als bei vielen nationalen oder regionalen Polizeibehörden – weil diese lange Zeit nicht dazu in der Lage waren, die grenzübergreifenden Zusammenhänge der Kriminalität überhaupt zu erkennen, die den Menschen auch in Deutschland am meisten zusetzt. Und jetzt, da sie diese Erkenntnis haben, erscheinen sie vielfach hilflos gefangen in ihrer geografisch begrenzten Zuständigkeit, über die sich die mobilen Tätergruppen hinwegsetzen. Schnell wird klar, dass die Bande, die von Bundespolizist Sven Lichtenberg und seinen Kollegen ins Visier genommen wurde, in mindestens sieben europäischen Ländern aktiv gewesen ist. Nicht nur in Berlin, sondern auch in Italien, Frankreich, Spanien – bis nach Irland. Aber in keinem dieser Länder entschließen sich die Behörden, ein vergleichbares Verfahren anzustrengen. In Berlin wird schließlich gegen 79 Beschuldigte ermittelt, von denen viele aus demselben Ort in Rumänien stammen.

In der Schule der Taschendiebe

Sie kommen aus Pacureţ, einer Roma-Siedlung am Saum von Iaşi, einer Stadt mit 300 000 Einwohnern und einem relativ hohen Anteil an Roma unter der Bevölkerung. Rumänien ist das Land mit der größten Roma-Population überhaupt. In ganz Europa leben rund zwölf Millionen Roma. Ihre Zahl kann allerdings nur geschätzt werden: Für Rumänien variiert sie – je nach Quelle – zwischen rund 700 000 und zweieinhalb Millionen Menschen. Ihre hohe Mobilität und der schwierige Nachweis von Herkunft und Identitäten machen es unmöglich zu erfahren, wie viele von ihnen tatsächlich dort leben. In vielen Städten versammeln sie sich in Vierteln mit einer homogenen Roma-Bewohner-schaft. Rund 1000 Mitglieder aus sieben Großfamilien leben in Pacureţ, das sich ein paar Straßenzüge lang über einen Hang am Stadtrand erstreckt. Die meisten leben in runtergekommenen kleinen Häusern, von denen die blasse Farbe abblättert. Aber in den Häuserzeilen entlang der Lehmstraßen zeigen sich vereinzelt solide Bauten, vor denen hinter hohen Zäunen hochwertige Autos deutscher Fabrikation parken. Unter vielen Menschen in der Stadt gilt das Viertel als unsicher. Als Kriminalitätsschwerpunkt. Es heißt, dass sich die Bewohner feindselig gegen Fremde verhielten. Die Polizei warnt davor, Pacureţ zu besuchen. Sie selbst vermeidet den Weg dorthin. Es sei denn die auf organisierte Kriminalität spezialisierte Staatsanwaltschaft ordnet wieder einmal eine Razzia an oder lässt einen internationalen Haftbefehl vollstrecken: wegen aller möglichen Formen der Bandenkriminalität. Dann aber rücken die Polizisten nur in Mannschaftsstärke an.

Die klein gewachsene, freundliche Elena Motaş kennt sich in Pacureţ aus. Die warme Aura, die sie umgibt, begleitet sie auf den Gängen hinter groben Mauern aus Spritzbeton überall hin. Der Sitz der Landkreisverwaltung bildet noch immer den sozialistischen Realismus ab, mit dem das ganze Land einst erfüllt wurde. Damals gab es allerdings noch keine Regierungsverantwortliche für die Belange der Roma. Jetzt, in den modernen Zeiten der EU, haben sie hier in Iaşi mit Elena Motaş eine Ansprechpartnerin. Sie selbst gehört zu den wenigen Roma, die über Bildung den Weg in das bürgerliche Leben der rumänischen Gesellschaft gefunden haben. Auch wenn sie – bei näherer Betrachtung – von Beruf Roma ist. Wegen der Menschen in Pacureţ ist sie regelrecht besorgt, wenn nicht gar verzweifelt. «Die meisten Roma dort leben entweder von der Bettelei oder vom Diebstahl und anderen Straftaten. Leider ist der Weggang in den Westen zum Stehlen Teil ihrer Normalität», sagt Motaş. In Rumänien würden sie für sich keine Alternative sehen. Die Mehrheitsgesellschaft sei zutiefst antiziganistisch – und wolle sie nicht. Wer aber versuche, aus dem kriminellen Milieu auszubrechen, werde von den Familienclans ausgestoßen, um die sich wiederum das gesamte Leben jedes einzelnen Roma dreht. Das sei der soziale Tod. Wer ausschert, begibt sich ins Abseits. Denn außerhalb der Roma-Familien wird in der Regel niemand aus dieser Ethnie mit offenen Armen aufgenommen. Integration erscheint den meisten von ihnen schwer bis unmöglich. Und der Alltagsrassismus ist allgegenwärtig, in Rumänien wie im restlichen Europa.

Elena Motaş weiß, wovon sie spricht. Jahrelang hat die Sozialarbeiterin als Lehrerin in Pacureţ gearbeitet. Sie kennt viele von denen, die immer wieder zum Klauen in den Westen ziehen. «Sie haben mich damals gefragt, wie viel Geld ich verdienen würde, weil ich doch schließlich studiert habe», erzählt Motaş und schüttelt langsam den Kopf. «Nach meiner Antwort haben sie mich ausgelacht und gesagt, dass sie dann lieber Klauen gingen als zu studieren.» Schule habe in diesen Kreisen kaum einen Wert, beklagt Motaş. Zu ihren ehemaligen Schülerinnen gehört auch eine junge Frau aus Pacureţ, die hier Ramona heißen soll: Sie trägt einen knöchellangen Jeansrock, dazu eine gefütterte taillierte Wildlederjacke und ein buntes Kopftuch. Elena Motaş erinnert sich daran, dass sie nur ein bedingtes Interesse am Schulbesuch hatte. Denn die meisten Eltern dort sehen die Schule nicht als Vorbereitung auf den Gelderwerb, dem ihre Kinder später nachgehen sollen. Ramona jedenfalls springt im Gespräch sofort auf die Frage nach der Kriminalität an und wird laut: «Wenn man uns einen normalen Arbeitsplatz anbieten würde, würden wir Zigeuner nicht mehr stehlen. Aber wir haben halt keine Arbeit.» Sie nennt ihre Leute selbst «tsigani» – Zigeuner. Das sagen die meisten hier über sich selbst. Sie haben das alte, abwertende Wort verinnerlicht, bei dem eine Bedeutungsspanne zwischen Schmarotzer, Bettler und Dieb mitschwingt und dessen Verwendung in Deutschland – wegen dieser Abwertung – als Ausweis von Rassismus gilt. Der Ehemann von Ramona bekennt sich dazu, als Krimineller in Deutschland aktiv gewesen zu sein. «Ich war in vielen Ländern unterwegs, und ich war auch in Deutschland, wo ich gestohlen habe. Ja, ich war in Deutschland und habe dort gestohlen.» Auch von Wohnungseinbrüchen im Westen ist hier im Viertel immer wieder die Rede.

Für reisende Banden ist Europa ein Land

Die Diebe reisen von hier aus meist in Mini-Bussen nach Deutschland. Bei der örtlichen Kriminalpolizei in einer weißgetünchten Villa am Rand der Innenstadt ist von Iaşi als «Schule der Taschendiebe» die Rede. Als geflügeltes Wort hat das inzwischen Einzug in den Sprachschatz von Ermittlern in ganz Europa gehalten. Bei der örtlichen Außenstelle der Sonderstaatsanwaltschaft «Organisierte Kriminalität» ist all das bekannt. Staatsanwalt Vasile Chifan sitzt dort hinter einem wuchtigen Mahagoni-Schreibtisch. Obenauf liegt ein Stapel Akten, auf den er die flache Hand hält. In ihnen geht es um ein Verfahren gegen die Bosse eines lokalen Roma-Clans, die ihre Konkurrenten in einem nahen Waldstück haben foltern lassen, um sich in der Unterwelt durchzusetzen. Eines der Folteropfer wurde schließlich zu Chifans Kronzeugen, so dass er den Clan-Chef hinter Gitter bringen konnte. Danach wurde er selbst mit Morddrohungen überzogen. Mit etwas Phantasie könnte der smarte redegewandte Staatsanwalt mit dem nach hinten gegelten Haar und dem gut geschnittenen dunkelblauen Anzug einen italienischen Mafia-Jäger abgeben. Seine Aufgabe hier unterscheidet sich jedenfalls nicht sehr von der seiner Kollegen in Neapel oder Palermo. Zumal die hiesigen kriminellen Clans auch in Politik und Wirtschaft hineinwirken, wie Chifan erzählt. Im Unterschied zur italienischen Mafia, die ein gewachsener Teil der Gesellschaft in Italien ist, kommt diese Form der organisierten Kriminalität in Rumänien aber von außen. Weil die Roma am Rande der Gesellschaft leben und weil das Geld, das sie mit ihren kriminellen Geschäften erwirtschaften, vor allem im Ausland eingesammelt wird. Beides ist in Italien anders.

Für Vasile Chifan ist Pacureţ lediglich ein Rekrutierungsort für die Soldaten der organisierten Kriminalität, aber auch für diejenigen, die sie an den Tatorten in Westeuropa anleiten, und für ein paar Köpfe, von denen diese Leute direkt gesteuert werden. So wie die Hintermänner, die bei «Scara rulanta» die telefonischen Arbeitsanweisungen von Iaşi aus nach Berlin durchgegeben haben. In den Abschriften der Telefonüberwachung heißt es da: «Kommt nicht nach Hause, ohne jeweils 500, 600 [Euro] zu machen.» Als Replik auf die Zweifel einer jungen Frau über das kriminelle Wirken in Berlin («Ich will nicht mehr, ich will aufhören.») war da von einem der Hintermänner dieser Satz zu hören: «Ich werde sie schlagen, bis ihre Kinder sie nicht mehr wiedererkennen.» Die Männer hinter dieser Organisation, die wahren Bosse, allerdings sitzen in den Villen der Viertel, in denen auch die übrigen Wohlhabenden der Stadt leben, mutmaßt Chifan. In hiesige Immobilien würde auch das meiste der kriminellen Erträge investiert. Das sei überall in Rumänien so. Weil die Bosse der Roma-Clans, die aus dem Elend aufgestiegen sind, vor allem eines vor Augen hätten: gesellschaftliche Anerkennung durch Reichtum. Dafür schicken sie ihre Leute quer durch ganz Europa. Wer sich dabei zu einem erfolgreichen Kriminellen entwickelt, schafft selbst den Aufstieg.

So hat es auch Elena Motaş in Pacureţ immer wieder erlebt: «Das Erfolgsmodell in diesem Viertel ist der schlaue Emporkömmling. Er kann für das Einkommen der gesamten Familie aufkommen, ein teures Auto fahren und ein modern hergerichtetes Haus besitzen. Aber all das kann er natürlich nicht mit einem bescheidenen Lohn finanzieren», sagt die Romabeauftragte in der

Landkreisverwaltung. «Deshalb steigt derjenige zum Chef der Gemeinschaft auf, der ins Ausland geht und nach möglichst kurzer Zeit mit Geld zurückkehrt.» Nach den Erfahrungen von Staatsanwalt Chifan geht es dabei nicht nur um Taschendiebstahl, sondern um sämtliche Formen der Eigentumskriminalität, auch um Einbrüche. Und bei vielen Frauen um Prostitution: «Dabei handeln sie komplett nach ihren eigenen Roma-Regeln. Und spazieren durch ganz Europa. Für sie ist Europa ein Land», sagt Vasile Chifan.

Neben Deutschland, Belgien, Spanien und Italien gilt vielen reisenden Banden aus Roma-Clans Frankreich als Ziel ihrer Aktivitäten. Wegen der sprachlichen Nähe und der großen Zahl von Roma, die in Frankreich leben, ist Paris häufig ihre erste Anlaufstelle in Westeuropa. Auf einigen Baulücken in der Peripherie der Stadt sind in den vergangenen Jahren provisorische Roma-Camps entstanden, in denen auch Taschendiebe aus Iași vorübergehend gewohnt haben: in Zelten, Verschlägen und Bretterbuden zwischen Bahndämmen und Lagerhallen. In Paris unterhält die Gendarmerie eine eigene Abteilung, die sich ausschließlich mit so genannter «Clan-Kriminalität» aus Roma-Großfamilien beschäftigt. Oberstleutnant François Deprés hat selbst ein paar Jahre lang als französischer Verbindungsbeamter in Bukarest gearbeitet. Er kennt die rumänischen Verhältnisse, und er kennt Iași. Deprés ist ein kräftiger kahlköpfiger Gendarmerie-Offizier, der seine Entschlossenheit gleich über den ersten Handschlag vermittelt. Nach seiner Erfahrung organisieren sich die meisten Großfamilien als «polykriminelle Gruppen», die sich in Kriminalitätszweige aufteilen. «Der eine begeht Metalldiebstahl, ein anderer Einbrüche oder Taschendiebstähle und so weiter. Alle Leute werden eben ‹verwendet›», sagt er. Oft habe die Deliktart auch mit dem Alter zu tun. Die Jugendlichen stellen die Taschendiebe, die älteren die Einbrecher und Metalldiebe. «Aber der Clan muss immer neues Bargeld kriegen, komme was wolle.»

Zu denen, die zuerst in Paris im Einsatz waren, gehört ein junger Mann aus Pacureţ, der sich «Costel» nennt. Er ist vielleicht 20 Jahre alt. Bei einem Treffen in einem Hotel in Iaşi erklärt er den «Rolltreppentrick», um den es auch in dem Verfahren «Scara rulanta» geht. Erprobt hatten er und seine Leute ihn in Paris, lange bevor Costel über das Rheinland nach Berlin kam. «Meine zwei Kumpels stahlen und ich war erst noch nicht reif für die Taschen; ich musste immer die Rolltreppe anhalten. Im gleichen Moment bestahl einer von ihnen die Frau.» Und so geht der Rolltreppentrick: «Bis zum Anhalten der Rolltreppe stand er hinter ihr, versicherte sich, dass niemand ihn beobachtete und dann, zack, hielt ich die Treppe an und die Frau wurde abgefrühstückt.» Auch im Umfeld der bedeutendsten Touristenattraktionen war seine Bande aktiv: «Louvre, Triumphbogen, Eiffelturm. Das waren die U-Bahnstationen, wo man richtig Geld machen konnte», erinnert sich der Dieb. Er kommt dabei regelrecht ins Schwärmen. Weil es irgendwann zu viele von ihnen waren, mussten zwischenzeitlich sogar das Louvre-Museum und der Eiffelturm für ein paar Tage schließen, weil das Wachpersonal die Touristen nicht mehr vor der Diebesmeute schützen konnte. Paris reagierte – mit einer Aufklärungskampagne und einem rigorosen Vorgehen der Polizei und der Leute von Gendarmerie-Offizier Deprés. Vor allem aber waren Costel und seine Leute der Polizei nun bekannt, es ging nicht mehr viel für sie an der Seine. Sie waren verbrannt, und die Beute blieb aus. Also zogen die Taschendiebe weiter – zunächst an Rhein und Ruhr, nach Köln und Düsseldorf, Duisburg und Dortmund: «Aber da waren schon andere, vor allem professionelle Diebe aus Marokko», sagt Gang-Mitglied Costel. Es habe Revierkämpfe gegeben. «Die Marokkaner sind krass. Mit denen hatten wir richtig Zoff. Denn als Taschendieb gehört dir immer ein bestimmtes Revier. In Düsseldorf hatten wir deshalb eine Schlägerei mit ihnen. Wir hatten keine Chance gegen die und mussten abhauen.»

Der Westen Deutschlands ist in der Hand nordafrikanischer Banden. Seine Schilderungen decken sich mit denen der Bundespolizei. Dort ist lange schon bekannt, dass zahlenmäßig große Gruppen aggressiv auftretender Krimineller aus den Maghreb-Staaten dort die Taschendiebe aus Südosteuropa verdrängt haben – weiter nach Osten. Nach Berlin.

Klaubrigaden feiern sich auf Facebook

In der deutschen Hauptstadt fühlten sich die Taschendiebe offenbar unbehelligt. Sie präsentierten sich ihren Freunden mit Fotos aus der S-Bahn auf Facebook als «Arbeitsbrigade» im Einsatz in Berlin. Ermittler Sven Lichtenberg hatte auch das irgendwann im Blick. Die Selbstverständlichkeit, mit der sich die Taschendiebe in Berlin bewegten, hat ihn allerdings nicht erstaunt. Kannte er doch schon viele von ihnen aus persönlichen Begegnungen: «Vor der Polizei haben die überhaupt keine Angst. Sie müssen ja kaum mit Repressalien rechnen», stellt der Kriminalpolizist nüchtern fest. «Die werden in Gewahrsam genommen, ihre Identität wird festgestellt – und dann werden sie vernommen. Das dauert zwei, drei Stunden. Danach werden sie dem Kinder- und Jugendnotdienst übergeben. Und von da aus ziehen sie dann wieder los», schildert «Lichte». Für sie sei so eine Festnahme schon Teil eines geregelten Tagesablaufes, an dem sie allerdings weniger Geld machen können. Und während die wenigen Beamten im Einsatz mit dieser Prozedur gebunden sind, können die anderen Diebe aus der Bande unbehelligt weiter klauen. Auf diese Weise missbrauchen Banden und Hintermänner des Systems zielgerichtet das humane deutsche Rechtssystem und das liberale Jugendstrafrecht. Viele Polizisten macht das fassungslos angesichts ihrer beruflichen Realität im Umgang mit den Kriminellen. Eine Änderung dieser Praxis ist nicht in Sicht.

Ansetzen können die Ermittler allerdings bei den Geldströmen dieses kriminellen Geschäfts. Das wiederum bedarf aufwändiger Ermittlungen. Die Diebe aus dem Verfahren «Scara rulanta» haben – wie andere Mitglieder professioneller reisender Banden auch – ihre Beute unmittelbar via «Western Union» in die Heimat geschickt. Überall in der Stadt finden sich die Filialen des globalen Finanzdienstleisters, auch am «Stuttgarter Platz» in Charlottenburg. Von da gelangte ein wesentlicher Teil der Beute nach Iaşi, den die Polizei der Bande schließlich nachweisen konnte. Darüber und über die abgehörten Telefonate konnten schließlich drei Hintermänner der Bande aus Pacureţ in Berlin vor Gericht gebracht und zu mehrjährigen Haftstrafen verurteilt werden. Es sind allesamt Verwandte aus ein und derselben Großfamilie, darunter eine Mutter, die ihre eigenen Kinder zum Klauen nach Deutschland geschickt hatte. Es war das erste Mal, dass Hintermänner der reisenden Taschendiebe zur Verantwortung gezogen wurden. Aber niemand weiß, was die übrigen 76 Beschuldigten aus dem Verfahren fortan treiben. Zumindest kamen Sven Lichtenberg und seinen Kollegen in der Folgezeit keine Diebe aus Iaşi mehr unter. Dafür war längst eine andere vergleichbare Bande aus der rumänischen Stadt Craiova in Berlin aktiv. Diebe, von denen einige auch schon der französischen Gendarmerie aufgefallen waren – als Mitglieder einer Bande, die sich monatelang über die Besucher des «Euro-Disney»-Freizeitparks in Meaux südlich von Paris hergemacht hatte.

Einzelne Ermittler rumänischer Behörden vermuten ebenso wie Spezialisten in Deutschland und in Frankreich, dass die Armee der rumänischen Taschendiebe zentral dirigiert wird. Die Truppe aus «Scara rulanta» sei nur eine von vielen Banden, die durch ganz Europa geschickt werden. Wird der Ermittlungsdruck zu groß, etwa in Mailand, Barcelona, Paris, Amsterdam oder Berlin, dann verschwinden die Banden in die nächste Stadt, vielleicht auch ins nächste Land, und es rücken andere nach. Für diese

These gibt es reichlich schlüssige Hinweise, aber keinen endgültigen Beweis. In Iași vermuten sie einen Mann am oberen Ende der Pyramide, der schon in den 1990er Jahren als Krimineller in Berlin aktiv gewesen ist – Cosmo T.: als Kopf einer Bande, die als rumänische «Klau-Kinder» bekannt geworden ist und die für zahlreiche Wohnungseinbrüche in der Stadt verantwortlich war. Nachdem er aus Deutschland ausgewiesen wurde – damals war Rumänien noch kein EU-Mitglied –, machte er als «Schlauer Emporkömmling» eine jener Karrieren, die von der Romabeauftragten Elena Motaș beschrieben wurden. Im rumänischen Fernsehen wurde er als schwerreicher «Roma-Prinz» zum Mythos. Für einen prunkvollen Hochzeitsumzug seines Sohnes wurden in Iași ganze Straßenzüge gesperrt. Cosmo T. selbst wurde zuletzt wegen Handels mit Kokain im großen Stil von einem Gericht in Spanien zu einer mehrjährigen Haftstrafe verurteilt.

Banden im Untergrund

S- und U-Bahn gelten nur noch bedingt als sichere Transportmittel. Dafür sorgen neben den Taschendiebstählen zusätzlich die zahlreichen spektakulären Gewalttaten, über die wiederkehrend berichtet wird. Nicht selten werden sie von jugendlichen Intensivtätern verübt, die bereits mit Eigentumsdelikten aufgefallen sind. Zwar sind Gewalttaten, abgesehen von speziellen Raubdelikten, nur sehr selten das Werk organisierter Banden. Aber die Gewalttäter selbst stammen häufig aus bandenmäßigen kriminellen Zusammenhängen. Oft verschmelzen diese Täterkreise mit denen organisierter Eigentumskrimineller zu einer hartnäckigen Personengruppe, die sich grundsätzlich über die Regeln des Miteinanders hinwegsetzt und dauerhaft den gesellschaftlichen Frieden angreift.

Zu dieser Gruppe gehört beispielsweise der so genannte

«U-Bahn-Treter» aus der U8, ein mehrfach vorbestrafter junger Mann aus Bulgarien, der auf dem Treppenabstieg der Station «Hermannstraße» im Berliner Problembezirk Neukölln mit Wucht und ohne Vorwarnung von hinten eine junge Frau die Stufen hinab trat: Das Überwachungsvideo, das ohne entsprechende richterliche Genehmigung anonym an die *Bild*-Zeitung gegeben wurde, zeigt eindrucksvoll, wie das körperlich leichte Opfer einer Puppe gleich vornüber die Treppe hinabstürzt. Zu Recht sorgte dieser Fall für große öffentliche Aufregung; allerdings wohl nur wegen des Entsetzens, das diese im Internet veröffentlichten Videobilder bei vielen Betrachtern auslösten. Ohne dieses Video wäre der Fall in der Masse der Polizeimeldungen untergegangen, wenn er es überhaupt bis dorthin geschafft hätte. Schließlich überstand das Opfer den Angriff mit einem gebrochenen Arm – angesichts des schweren Sturzes war das ein großes Glück. Über die öffentliche Fahndung konnte der Täter schließlich beim Ausstieg aus einem aus Danzig angereisten Fernreisebus am Zentralen Omnibus-Bahnhof in Berlin-Charlottenburg gefasst werden: dem wohl wichtigsten Verkehrsknotenpunkt für importierte Kriminelle in der Hauptstadt.

Die Weitergabe des Videos an die Redaktion ist ein weiterer Beleg dafür, dass auch in den Behörden selbst inzwischen zahlreiche Mitarbeiter in Sorge sind um die allgemeine Situation in Deutschland, in der sie unter den geltenden Rahmenbedingungen die allgemeine Sicherheit nicht mehr gewährleisten können. Und viele von ihnen wissen, dass die Behördenleiter sowie die verantwortlichen Politiker alles unternehmen, um von diesem Manko in der Öffentlichkeit abzulenken. Unter Polizisten und Staatsanwälten ist «importierte Kriminalität» längst ein feststehender Begriff, der das Problem zutreffend beim Namen nennt – das allerdings nur hinter verschlossenen Türen.

Es sind die zahllosen Eigentumsdelikte, die dafür sorgen, dass der Anteil der tatverdächtigen Ausländer in der bundesweiten

Kriminalitätsstatistik mehr als doppelt so hoch ist wie ihr Anteil an der Bevölkerung: Die zuletzt erfassten 556 000 nichtdeutschen Tatverdächtigen entsprechen einem Anteil von 27,6 Prozent aller rund zwei Millionen Tatverdächtigen in Deutschland. Laut Statistischem Bundesamt sind aber nur 11,8 Prozent der hiesigen Bevölkerung Ausländer.[49] Ihr Anteil unter den Tatverdächtigen ist somit mehr als doppelt so hoch wie ihr Anteil an der Bevölkerung; und er ist zuletzt noch um weitere 13 Prozent angestiegen. Im bevölkerungsreichsten Bundesland Nordrhein-Westfalen liegt dieser Wert sogar beim Dreifachen: Während der Anteil der Deutschen unter allen Tatverdächtigen dort zuletzt um etwas mehr als fünf Prozent abgenommen hat, stieg der Anteil der Nichtdeutschen unter ihnen deutlich an: Zuletzt lag er bei 33,9 Prozent. Ihr Bevölkerungsanteil betrug 10,5 Prozent.[50]

Eine der Ursachen dafür ist wiederum, dass zahlreiche Flüchtlinge Eigentumsdelikte begangen haben. Dabei muss allerdings berücksichtigt werden, dass viele der tatverdächtigen Ausländer offiziell überhaupt nicht in Deutschland wohnen. Das verzerrt selbstverständlich das Gesamtbild und mildert die Kriminalitätsbelastung der hiesigen ausländischen Bevölkerung etwas ab. Es ist allerdings ein weiterer Beleg für die These, dass die meisten der nichtdeutschen Kriminellen entweder aus Milieus stammen, in denen hierzulande die Integration gescheitert ist, oder dass sie Mitglieder von Banden aus dem Ausland sind. Weil Letztere für die deutschen Sicherheitsbehörden besonders schwierig zu fassen sind, liegt die Vermutung nahe, dass der tatsächliche Anteil der nichtdeutschen Kriminellen noch sehr viel höher liegt als durch die polizeiliche Kriminalitätsstatistik dargestellt. Das ist ein europäisches politisches Problem, auch ein soziales, vor allem aber ein kriminalistisches. Wer darin allerdings bloß eine Bestätigung der eigenen Fremdenfeindlichkeit sieht, leistet nicht den geringsten Beitrag zu seiner Lösung, sondern stiftet lediglich weiteren sozialen Unfrieden. Denn niemand wird allein auf Grund seiner Nationalität kriminell.

Grundlage für dieses Zahlenbeispiel ist die zuletzt veröffentlichte polizeiliche Kriminalitätsstatistik des Bundes, die bei den Tatverdächtigen nur das Hellfeld erfasst – aus den angezeigten und ermittelten Fällen. Dabei sind Straftaten bereits herausgerechnet, die nur Ausländer begehen können – wie beispielsweise die unerlaubte Einreise. Besonders hoch ist demnach der Anteil der Tatverdächtigen ohne deutschen Pass bei Taschendiebstahl (76 Prozent), Wohnungseinbruch (40 Prozent) und Diebstahl (37 Prozent). Also alle drei Delikte, auf die sich in den vergangenen Jahren besonders die «reisenden Banden» spezialisiert haben, bei deren Verfolgung sich die hiesigen Behörden besonders schwertun.

Jeder, der in der U8 zwischen Kottbusser Tor und Hermannstraße unterirdisch durch Kreuzberg und Neukölln fährt, kann die importierte Kriminalität selbst in Augenschein nehmen: Neben den Taschendieben haben auch jugendliche Heroindealer diese Untergrundbahn zu ihrem Revier gemacht. Sie kommen vor allem aus dem Libanon und den palästinensischen Autonomiegebieten in die Stadt, um hier als Drogenverkäufer eine kriminelle Karriere zu beginnen. Beim LKA heißt es dazu, dass sie von Mitgliedern krimineller arabischer Großfamilien angeworben werden, die seit rund 40 Jahren in Berlin ansässig sind. Der endgültige gerichtsfeste Beweis dafür steht allerdings aus. Bei einzelnen Festnahmen falle allerdings immer wieder auf, dass sie alle aus denselben Dörfern stammen. Aus Telefonüberwachungen wollen die Ermittler erfahren haben, dass die Dealer bereits in ihrer Heimat mit den Streckenverläufen des Berliner U-Bahnnetzes vertraut gemacht werden – als Mitglieder größerer Banden. Einige von ihnen sind als minderjährige unbegleitete Flüchtlinge nach Deutschland gelangt. Die Behörden vermuten auch, dass sich viele von ihnen zuletzt als Syrer ausgegeben haben, um die besondere Behandlung von Bürgerkriegsflüchtlingen zu erfahren. Wegen ihres zumeist jugendlichen Alters fallen sie unter das deutsche Jugendstrafrecht, das mit ihrem hohen Maß an krimineller Energie überfordert scheint.

Nur wenige Tage nach der Festnahme des U-Bahn-Treters vom Bahnhof «Hermannstraße» veröffentlichte die Berliner Polizei selbst (dieses Mal offiziell nach richterlichem Beschluss) ein hochauflösendes Fahndungsvideo, auf dem sieben feixende junge Männer in einem Wagen der U8 gut zu erkennen sind: Flüchtlinge aus Syrien und aus Libyen, die unter dem Verdacht standen, an Weihnachten gemeinschaftlich den Versuch unternommen zu haben, einen schlafenden Obdachlosen in der U-Bahnstation «Schönleinstraße» anzuzünden. Passanten und ein mit einem Feuerlöscher herbeigeeilter U-Bahnfahrer hatten das Feuer gelöscht und das Schlimmste verhindert. Der Obdachlose überstand den Mordanschlag ohne äußere Verletzungen. Sechs der Männer stellten sich wenige Stunden nach der Veröffentlichung des Überwachungsvideos der Polizei, das alleine auf der Facebook-Seite der Nachrichtensendung des *rbb,* der «Abendschau», binnen kürzester Zeit 3,5 Millionen Mal aufgerufen worden war. Der Fahndungsdruck war ihnen offenbar zu hoch; der Haupttäter wurde durch Zielfahnder gefasst. Sechs der Täter waren in der Vergangenheit bereits durch Eigentums- und Drogendelikte aufgefallen. Auch sie gehören der Personengruppe aus der Schnittmenge zwischen Gewalttätern und Bandenkriminellen an, die eine erhebliche Belastung für den sozialen Frieden in Deutschland darstellt. Diese Schnittmenge als Teil der organisierten Kriminalität darzustellen, würde manchem Rechtswissenschaftler und auch Staatsanwalt ganz sicher zu weit gehen. Für ihre restriktive Begriffsauslegung mag es gute Gründe geben. Aber Fakt ist auch, dass eine solche den gesellschaftlichen Entwicklungen der vergangenen Jahre nicht gerecht werden kann. Zwar fehlt es an dem endgültigen Beleg, dass die «Antänzer» oder U-Bahn-Dealer

Teil einer organisierten Struktur sind. Ihr systematisches Vorgehen zumindest deutet aber zweifelsfrei darauf hin, und die Herkunft der jugendlichen Dealer und der durch sie verkauften Drogen ebenfalls.

Wegen der zahlreichen Taschendiebe, die als so genannte «Nachttäter» in den U- und S-Bahnen unterwegs sind, und wegen der zusätzlichen zahlreichen Gewaltfälle meiden viele Berliner inzwischen die nächtliche Fahrt mit den Bahnen, an den Wochenenden – oder im alkoholisierten Zustand: «Wissen Sie, ich bin selbst Ausländer», sagt ein aus Kroatien stammender Taxifahrer auf einer Fahrt um halb drei Uhr in der Frühe durch den Bezirk Friedrichshain-Kreuzberg, entlang der Amüsiermeile zwischen Kottbusser Tor und Warschauer Brücke, einem der Hauptbetätigungsfelder für Täter, die mit dem «Antanztrick» ihre Opfer täuschen. Dabei werden die zumeist alkoholisierten Opfer im Wortsinne angetanzt: Ihnen wird ein Arm um die Schulter gelegt, und sie werden durch ein gestelltes Bein aus dem Gleichgewicht gebracht. Während dieses Körperkontaktes wird das zumeist wehrlose Opfer beklaut. Dieser Trickdiebstahl ist vor allem bei Tätern aus dem arabischen und nordafrikanischen Raum weit verbreitet. Nach Berlin kam diese Masche aus dem Rheinland, seit Jahren schon ein Kristallisationspunkt organisierter Banden von Eigentumskriminellen mit ebensolcher Herkunft. Im Nachgang zu den durch Kleinkriminelle begangenen Gewaltdelikten in der U8, die jeweils mittels hochauflösender Kamerabilder aufgeklärt werden konnten, entwickelte sich eine politische Diskussion über die Videoüberwachung: in Berlin und darüber hinaus. Im Zuge dessen veröffentlichten die Berliner Verkehrsbetriebe (BVG) eine Statistik der angezeigten Taschendiebstähle, die sich in den fünf Jahren zuvor in den BVG-Anlagen vervierfacht hatten.[51]

Seit zehn Jahren fährt der Berliner Taxifahrer durchgängig Nachtschichten. «Natürlich ist es für mich ein gutes Geschäft, dass viele Leute sich nicht mehr sicher fühlen. Aber gut finde ich es eigentlich nicht.» Vermeidungsstrategien aus einem Gefühl der Unsicherheit sind ein relativ neues Phänomen in Deutschland, an das sich die Menschen erst noch gewöhnen müssen, und mit ihnen die Politiker, denen auch deshalb immer weniger Vertrauen entgegengebracht wird, weil der Staat hier seiner ureigensten Aufgabe nicht mehr vollumfänglich gerecht wird: für Sicherheit zu sorgen.

Ähnliche Beobachtungen wie der Berliner Taxifahrer macht Ercan Yasaroglu seit einiger Zeit fast täglich. Sein Kieztreff, das «Café Kotti», ist eine Institution am Kottbusser Tor. Hier versammeln sich linke Politaktivisten, Gentrifizierungsgegner und die Antifa ebenso wie Dissidenten aus der Türkei und Leute aus dem Kiez, denen die Gesellschaft nicht egal ist. Yasaroglu ist Sozialarbeiter. Vor drei Jahrzehnten kam er aus politischen Gründen aus der Türkei nach Berlin. Sein müdes Gesicht mit den hellwachen Augen unter der graumelierten Pagenfrisur gehört zu den bekanntesten überhaupt in diesem Teil Kreuzbergs. Sein Wort hat hier Gewicht. Für den Vorwurf des Rassismus ist er der falsche Adressat. Auch deshalb schlug er Wellen mit einem Interview,[52] das er dem *Focus* über die schlimmer werdenden Zustände am Kotti gab, für die er vor allem «Junge Typen aus nordafrikanischen Ländern» verantwortlich macht. «Sobald es dunkel wird, gehört der Platz den Kriminellen. Dann werden hier ganz offen Drogen verkauft oder Passanten ausgeraubt. Die agieren in Gruppen, lauern ihren Opfern beispielsweise am Geldautomaten auf», sagt Yasaroglu. Die Verantwortlichen für diese Entwicklung glaubt er auch zu kennen, für ihn ist es ein Ausdruck organisierter Kriminalität: «Meiner Meinung nach steckt hinter all dem ein System, das zumindest in Berlin von kriminellen arabischen Clans organisiert wird. Die schicken die Typen auf die Straße. Natürlich sind dort auch Flüchtlinge dabei, die Clans suchen ja permanent neue Mitglieder.»

Auch in ostdeutschen Großstädten sind die «Antänzer» aktiv, in Dresden etwa, vor allem aber in Leipzig, das ein besonders lebendiges Nachtleben hat. Dort ist der Polizei auch eine Bande von Taschendieben aufgefallen, die während eines Konzerts der US-amerikanischen Heavy-Metal-Band «Slipknot» etliche Besucher bestohlen hatte. Solche Fälle häufen sich in ganz Deutschland. Einige Banden reisen gar einzelnen Bands auf ihren Tourneen hinterher, von Auftrittsort zu Auftrittsort, und erbeuten dabei bei einzelnen Konzerten bis zu 400 Mobiltelefone. Diese Masche ist dazu geeignet, Besucher grundsätzlich davon abzuschrecken, solche Veranstaltungen zu besuchen. Und tatsächlich berichten einzelne Konzertveranstalter in Berlin, dass die Besucherzahlen zuletzt rückläufig waren: mutmaßlich wegen der diffusen Ängste, von denen viele Menschen erfüllt sind. Vor sexuellen Übergriffen, Diebstahl, Raub – und nicht zuletzt auch vor Terror.

In anonymen Großstädten treffen die Täter auf ideale Bedingungen: überlaufene Plätze, einen stark frequentierten Öffentlichen Personennahverkehr (ÖPNV) und Massenveranstaltungen wie Weihnachtsmärkte und Messen. So reist beispielsweise eine professionelle Gruppe aus Chile zum Jahresanfang regelmäßig nach Berlin, um wahlweise die Besucher der «Grünen Woche» oder der anschließend terminierten ITB (Internationalen Tourismus Börse) ins Visier zu nehmen. Dabei tauchen die Diebe unerkannt als Messebesucher in den Hallen unter und machen sich über die Besucher her. Unterdessen steigt die Zahl sämtlicher Straftaten in der Hauptstadt kontinuierlich, mal um acht, mal um fünf Prozent. Und mit jedem Jahr sinkt die Aufklärungsquote. Über 50 000 Taschendiebstähle jährlich wurden hier zuletzt angezeigt. Innerhalb weniger Jahre hat sich diese Zahl vervierfacht und noch immer steigt sie im zweistelligen Prozentbereich an, zuletzt um 25 Prozent. Ein Viertel aller in Deutschland erfassten Fälle wird in Berlin aktenkundig. Nur in Nordrhein-Westfalen ist die Zahl noch höher – bei rund 55 000 angezeigten Fällen. Das ist der bislang höchste Wert seit Beginn der Erfassung. Der Anteil der nichtdeutschen Tatverdächtigen liegt dort bei 80 Prozent. Bei den meisten handelt es sich um Männer im Alter zwischen 16 und 25 Jahren.[53] 60 Prozent der ermittelten Tatverdächtigen in NRW stammen aus Rumänien, Bulgarien, Bosnien-Herzegowina, Marokko oder Algerien,[54] was einer Herkunftsbeschreibung der verschiedenen organisierten Banden entspricht.

In Berlin werden weniger als vier Prozent der angezeigten Fälle von Taschendiebstahl aufgeklärt; in NRW sind es rund sechs Prozent. Bei keiner anderen Straftat ist die Quote in Deutschland schlechter. Angesichts dieser Zahlen lässt sich faktisch von einem straflosen Delikt sprechen. Hier verhält es sich ähnlich wie beim Fahrraddiebstahl. Das sehen die Behörden naturgemäß anders. Und selbst bei den weit verbreiteten Wohnungseinbrüchen trifft dieser Befund zu, wenn in vielen der besonders betroffenen Großstädte die Aufklärungsquote gerade einmal zwischen fünf und zehn Prozent liegt.

Die Zahlen und die Betroffenheit der schutzlosen Opfer sprechen für sich. Die Straflosigkeit ist ein fatales Signal für sie; für die Täter ist sie eine Ermunterung weiter zu machen. Und wie reagiert der Staat? Mit einem Minimalaufwand an Personaleinsatz. In Berlin kümmern sich gerade einmal sechs Bundespolizisten um den Taschendiebstahl im besonders betroffenen Bereich der S-Bahn und der großen Umsteigebahnhöfe. Sechs Polizisten, von denen gelegentlich einer krank wird oder Urlaub hat. Gemeinsam auf Streife gehen die sehr wohl motivierten und gut ausgebildeten Polizisten immer dann, wenn sie von einem Fernsehteam begleitet werden. Weil die dabei entstehenden Bilder dem gesunkenen Sicherheitsgefühl entgegenwirken sollen. Aber sie sind viel zu wenige.

Unterdessen häufen sich bei der Berliner Polizei die unbearbeiteten Anzeigen zu so genannten Liegevermerken. Gemäß einer

Anordnung des Polizeipräsidenten werden Taschendiebstähle in Berlin nur noch verfolgt, wenn dabei Erfolgschancen bestehen. Seine Behörde sprach in diesem Zusammenhang gar von «Ehrlichkeit und Entschlossenheit», wenn solche Verfahren zügig abgeschlossen würden. Polizisten sprechen in solchen Fällen von einer «schmalen Bearbeitung». Derlei Botschaften müssen zwangsläufig dazu führen, dass Betroffene sich mit Strafanzeigen zurückhalten. Das wiederum nutzt denjenigen, die das staatliche Versagen verantworten müssen: Weil der Umfang des Delikts, und damit der angerichtete Schaden, ausschließlich an der Zahl der angezeigten Fälle gemessen wird. Wenn die Straflosigkeit des Taschendiebstahls und die Aussichtslosigkeit einer Anzeige zum allgemeinen Verständnis der Bevölkerung gehören, wer nimmt dann noch die Mühen dieses zeitlich aufwändigen Behördenaktes in Kauf, bei dem nach dem Ärger über den Diebstahl und den materiellen Verlust weiterer Frust vorprogrammiert ist? Unterdessen wandelt sich die Polizei vielerorts von einer Strafverfolgungs- zu einer Straftatenpräventionsbehörde.

Weil sie viele Delikte weder ahnden noch aufklären kann, ermuntert sie die Bürger unter hohem Aufwand, sich selbst zu schützen – zumindest aber umsichtig zu sein. Angesichts der wachsenden Machtlosigkeit der Behörden im Umgang mit der Eigentumskriminalität sind solche Kampagnen leicht zu durchschauen und dürften das Misstrauen in die Handlungsfähigkeit des Staates eher noch verstärken. Auch in dieser Hinsicht sollte sich die Politik den Bürgern gegenüber ehrlich machen. Sie sollte erklären, warum sie mit der Sicherheit in Deutschland allmählich überfordert ist, um aus der Analyse alle erforderlichen Schlüsse für eine Lösung zu ziehen. Bis dahin könnte sie die Bürger offen und ehrlich um deren aktive Mithilfe bei der Verhinderung von Straftaten bitten, etwa so: «Wir sind mit diesen neuen Formen der organisierten Kriminalität augenblicklich noch überfordert, wir tun aber alles dafür, diesen Zustand zu verbessern. Bis dahin müsst ihr euch umsichtig verhalten, aufeinander aufpassen und alle legalen Mittel ausschöpfen, um selbst dafür zu sorgen, dass ihr nicht zum Opfer einer Straftat werdet.» Was ist denn dabei, dieses Defizit einzuräumen, das ohnehin jeder spürt?

Stattdessen wurschteln die Verantwortlichen weiter, jeder für sich in dem Bundesland, in dem sie jeweils zuständig sind. Von Wahl zu Wahl, von Umfrage zu Umfrage, von einer jährlichen polizeilichen Kriminalitätsstatistik zur nächsten. Und vor allem reflexhaft nach jeder Welle der Berichterstattung, die als Aufreger taugt. Nach den aufgeklärten Fällen der Gewaltkriminalität in der Berliner U-Bahn beeilte sich beispielsweise der Regierende Bürgermeister Michael Müller (SPD) zu bekennen, die Videoüberwachung an besonders kriminalitätsbelasteten Orten in der Stadt solle ausgebaut werden. Eine Forderung, die längst als Gesetzesinitiative durch seinen ehemaligen Koalitionspartner, die CDU, ins Berliner Abgeordnetenhaus eingebracht worden war, die aber nicht zuletzt am Veto von Müller und seiner SPD gescheitert war. Nunmehr steckte Müller nach zwischenzeitlichen Wahlen in einer neuen Koalition – mit Linken und Grünen – und machte sich die Forderung nach mehr Videoüberwachung zu eigen. Mit solchen durchschaubaren Manövern schaden Politiker ihrer Glaubwürdigkeit. Denn ihre Politik verkommt zu kurzatmiger Effekthascherei auf Kosten vernünftiger Konzepte, die langfristig greifen.

Unterdessen agieren die Täter im Gefühl der weitgehenden Straflosigkeit. Selbst wenn sie gefasst werden, ist die Chance einer anschließenden Haft sehr gering. Nicht einmal jeder zweite Taschendieb, der in Berlin von der Polizei gefasst wird, kommt überhaupt in Untersuchungshaft: Im Jahr 2015 verhaftete die Polizei lediglich 126 Tatverdächtige. Das Verhältnis zur Zahl der tatsächlichen Delikte zeigt deutlich, wie verschwindend gering das Risiko für die Kriminellen ist. Dabei hilft nur die Strafhaft. So sieht es auch der Polizeipräsident: «Professionelle Taschendiebe werden nur gestoppt, wenn sie in Haft gehen.» Natürlich weiß er auch, dass von Berufskriminellen, zumal solchen aus dem Ausland, einzig eine Gefängnisstrafe überhaupt als Strafe wahrgenommen wird. «Eine Haftstrafe auf Bewährung ist für sie keine Strafe, weil es zunächst kein spürbarer Lebenseinschnitt ist», sagt dazu ein erfahrener Strafverteidiger. Auch deshalb fordert der BDK seit langem ein härteres Vorgehen der Justiz gegen diese Täter.

Ein weiterer Grund für das niedrige Haftrisiko der Täter ist das zurückhaltende Anzeigeverhalten der Betroffenen. Viele Opfer verzichten aus Schamgefühl auf eine Anzeige. Oder weil sie den Diebstahl zu spät bemerken, weil sie während der Tatzeit betrunken waren, weil sie sich den Behördenstress ersparen wollen, weil sie als Besucher ohnehin nur kurz in der Stadt sind, als Ausländer die hohe deutsche Sprachbarriere fürchten, und weil sie die Erfolgsaussichten einer Anzeige ohnehin nur sehr gering bemessen. Die Bagatellisierung durch die Strafverfolgungsbehörden einerseits sowie die Zurückhaltung der Opfer andererseits motivieren die Täter zusätzlich. Sollte sich daran nichts ändern, werden die Taschendiebstähle weiter zunehmen. Flächendeckende Aufklärungskampagnen von Bahn und Polizei beispielsweise haben in den vergangenen Jahren noch zu keiner Trendumkehr geführt.

Aus Tätersicht bleibt das persönliche Risiko, belangt zu werden, klein. Denn der Tatversuch ist nicht strafbar. Auf Überwachungsvideos aus der Berliner S-Bahn sieht man nicht nur Taschendiebe beim Stehlen, sondern auch etliche gescheiterte Versuche. Zumeist dreht sich ein Opfer erstaunt um und versucht den Taschendieb, der nicht sicher als solcher ausgemacht wurde, zur Rede zu stellen. Dieser hebt in einer theatralischen Unschuldsgeste die Hände wie ein beim Foul durch den Schiedsrichter ertappter Fußballspieler. Nur dass die Opfer hier keine Sanktionsmöglichkeiten haben. Der Taschendieb geht weiter, sucht sich das nächste Opfer und bleibt straffrei. Nach dem bewährten Prinzip «Trial and Error».

Ausbildungsstätten des Verbrechens

Im persönlichen Gespräch könnte man den Eindruck bekommen, es seien umgängliche Jungs. So von Angesicht zu Angesicht in einem ruhigen Zimmer, in dem nichts ablenkt, nicht mal das Smartphone, weil es ausnahmsweise auf lautlos gestellt ist. In diesem Zimmer ist niemand dabei, vor dem man sich wie ein Gangster präsentieren muss. Deshalb verhält sich auch dieser Mann aus einer der bekanntesten kriminellen arabischen Großfamilien Berlins höflich und unauffällig.

Schaut man den jungen Männern aus den Clans in die gepflegten Gesichter mit den sauber frisierten und gewachsten dunklen Bärten – zum Frisör gehen die meisten einmal in der Woche –, dann reagieren sie wie andere junge Männer in ihren Zwanzigern auch. Verlegen, weil sie einem interessierten Blick in der Stille nicht standhalten können. Dann schauen sie nach unten. Auf ihre manikürten Hände, denn zur Maniküre gehen viele von ihnen. Auch das gehört zu einem Lebensstil, den sie sich ohne die kriminellen Geschäfte nicht leisten könnten, in die sie involviert sind. Ihre Familien dominieren in manchen deutschen Großstädten die organisierte Kriminalität im Rotlichtmilieu, auf dem Markt für harte Drogen, im Waffenhandel, bei der Schutzgelderpressung und im Geschäft mit Hehlerware aus spektakulären Raubüberfällen und Blitzeinbrüchen – einer Spezialität junger Männer aus den Clans.

Es sind gutaussehende Jungs, die ihren Körper pflegen, Sport treiben, lange schlafen, sich vor allem nicht überarbeiten. Anders als viele Deutsche, die oft «fett sind, saufen und sich kaputt arbeiten». Das sagen einige von ihnen voller Verachtung. Sie werden in den Konflikt des «wir gegen die» hineingeboren. Deutschland ist die Gegend, in der sie aufgewachsen sind, in der sie leben, und mit ihnen tausende andere Clanmitglieder. Hier liegen die Städte, in denen sie sich bewegen. Aber mit Deutschland wollen sie nichts zu tun haben, mit der Mehrheitsgesellschaft hier verbindet sie nichts. Im Gegenteil, von dort kommen die meisten ihrer erklärten Gegner: Behördenmitarbeiter, Polizisten, das Personal in den verschiedenen Einrichtungen des Strafvollzugs, die viele von ihnen durchlaufen, Politiker, die sich mit dem Kampf gegen die organisierte Kriminalität profilieren wollen, Journalisten, die ihnen ungebeten nachstellen. Sie alle sind Deutschland. Die Clans sind es nicht. Und genau darin liegt das Problem. Sie sind neben dem Milieu radikaler Islamisten das greifbarste Ergebnis gescheiterter Integration, an der sie selbst die Hauptschuld tragen. Erst wer diesen Zusammenhang erkennt, kann nachvollziehen, was ein auf die kriminellen Clans spezialisierter hochrangiger Mitarbeiter des Berliner LKA meint, wenn er davor warnt, jetzt den gleichen Fehler zu wiederholen. Nämlich zahlreiche Flüchtlinge der organisierten Kriminalität zu überlassen – was in vielen Fällen längst passiert ist.

Den kriminellen Anschluss an die aktuelle Flüchtlingswelle hätten die Mitglieder aus den Clans längst hergestellt, behaupten Ermittler. Als Hintermänner der jugendlichen Dealer aus der U8 und vom Kottbusser Tor, die aus verschiedenen arabischen Ländern stammen, und plötzlich einfach da waren. Von den Clans kommen die Drogen, die von den jugendlichen Läufern, den Kleindealern, hier verkauft werden, heißt es beim LKA. Nach den Taschendiebstählen weist die polizeiliche Kriminalstatistik in Berlin beim «unerlaubten Handel mit Heroin» den höchsten Anteil «nichtdeutscher Tatverdächtiger» aus (76 Prozent).[55] Im Unterschied zu Personen mit einem türkischen Migrationshintergrund gelten die hier lebenden Araber unter Ermittlern als wesentlich krimineller.

Schrecklich kriminelle Familien

In ihren eigenen Banden organisieren sich einzelne Clanmitglieder gelegentlich auch außerhalb der eigenen Großfamilie: mit jungen Männern aus dem Kosovo, aus Bosnien, mit Kurden, nur selten mit Türken. Deutsche sind fast nie mit dabei, auch Polen oder Russen nicht. Die haben ihre jeweils eigenen Banden. Aber hinter jeder Gang mit einem von ihnen steht der Clan, auf den alles zuläuft.

Sie agieren niemals alleine. Auch deshalb fällt es den Jungs aus den arabischen Großfamilien nicht schwer, ihre Rolle am Rand der Mehrheitsgesellschaft anzunehmen. Wohl auch, weil sie sich darin wohl fühlen. Ihren Clan haben sie stets im Rücken, wenn sie sich in dem Spannungsfeld zwischen Strafverfolgung und gesellschaftlicher Ächtung bewegen, die sie ihrerseits als Anerkennung interpretieren. Je höher der Sicherheitsaufwand bei einem Prozess gegen einzelne ihrer Mitglieder, je größer die mediale Beachtung von Straftaten und die Dramatisierung ihrer Allüren, umso stärker wirkt die Befriedigung, die sie daraus ziehen.

So wie bei dem Überfall auf das Berliner Nobelkaufhaus KaDeWe mitten im Weihnachtsgeschäft – an einem Samstagvormittag um kurz nach zehn. Eineinhalb Minuten dauerte die Aktion. Sie waren mit ihrem Audi Avant (aus der Mietwagenfirma eines Clanmitglieds) vor das Hauptportal gefahren und mit Sturmhauben, Hämmern, Äxten und Macheten ausgerüstet in das KaDeWe gestürmt, hatten unter den verschreckten Kunden großflächig Reizgas versprüht und dann die Glasvitrinen mit

Schmuck und Luxusuhren erst zertrümmert, um die Beute im Wert von rund 900000 Euro schließlich in Kopfkissenbezügen zusammenzuraffen und wieder davon zu brausen – nach Neukölln, zurück zu ihrem Clan. Dort warfen sie die Beute vor den Augen ihres Clanchefs auf den Tisch («Papa, wir haben das KaDeWe gemacht»), schliefen sich erst mal ordentlich aus, während die ganze Stadt in Aufruhr war. Und abends feierten sie den Coup dann gemeinsam im größten Bordell der deutschen Hauptstadt, im «Artemis» unter dem Funkturm, einer Art Freizeitzentrum für Rocker und Mitglieder krimineller arabischer Großfamilien. Die spektakulären Bilder von den Überwachungskameras des KaDeWe, über die das LKA noch am selben Tag die Fahndung nach den Tätern öffentlichkeitswirksam betrieb, vermittelten auf Anhieb ein Gefühl von Kino. Dasselbe Gefühl hatte sich bereits wenige Jahre zuvor eingestellt, bei dem dilettantisch ausgeführten Überfall von Mitgliedern einer arabischen Großfamilie auf ein Pokerturnier in einem edlen Tagungshotel am Potsdamer Platz.

Clanmitglieder fürchten nur das Gesetz der Clans – nicht den harmlosen Staat, gegen den sie sich mit den besten Strafverteidigern der Hauptstadt häufig erfolgreich zur Wehr setzen können. Der Staat kennt keine Blutrache, keine Folter, keine gewalttätigen Einschüchterungen und keine sechsstelligen Strafzahlungen gegen diejenigen, die das Gesetz der Clans missachten. Das schlimmste, was der Staat ihnen antun kann, ist eine mehrjährige Haftstrafe, während der jeder, der ihren Namen trägt, in den Genuss des vorauseilenden Respekts von Mithäftlingen wie Schließern kommt. Der Staat muss sich an die eigenen Gesetze halten, die auf Rechtsstaatlichkeit, Demokratie und Humanität beruhen. Prinzipien, die sie verachten, die ihnen aber gute Dienste erweisen, und die sie jeden Tag aufs Neue herausfordern. Deshalb sind sie für jeden Bürger, der versucht sich an Recht und Gesetz zu halten, an die allgemein gültigen gesellschaftlichen Regeln, eine maximale Provokation.

Unterdessen lösen sie ihre eigenen Konflikte aus Revier-kämpfen und Privatfehden wegen verletzter Ehre, entgangenen Geschäften und Frauengeschichten innerhalb der eigenen Paral-leljustiz. «Probleme regeln wir eben untereinander», sagt der ge-pflegte junge Mann, der aus diesem viel diskutierten Konstrukt keinen Hehl macht: «Sieh es doch mal so: Bis ein deutsches Ge-richt ein Urteil fällt, dauert es Jahre. Bei uns geht das ganz schnell. Und alle müssen sich daran halten.» Bei solchen Aussagen muss man keine Politiker bemühen, die sich öffentlich über die Zu-stände in der Parallelgesellschaft echauffieren, man muss keinen Staatsanwalt, Polizisten oder Wissenschaftler zu Rate ziehen, um die Existenz der Paralleljustiz und so genannter Friedensrichter zu bestätigen. Man muss einfach nur einem zuhören, der Teil dieses geschlossenen Systems ist. «Das geht niemanden etwas an.» Dem-nach sind Streitschlichter Männer, die «hohen Respekt bei uns haben und von allen anerkannt werden.» Streitschlichter mit Er-fahrung also, die viele dieser inoffiziellen Funktionsträger in der angestammten archaisch geprägten Heimat der Clans gesammelt haben. Weil sie das hiesige Rechtssystem nicht achten, kommt es immer wieder zu blutigen Auseinandersetzungen und Rache-akten, ob in Neukölln, in den nördlichen Duisburger Stadtteilen oder im Essener Stadtzentrum, in dem die arabischen Groß-familien der oftmals überforderten Polizei seit einigen Jahren das Gewaltmonopol streitig machen. Schießereien und bewaffnete Überfälle auf Familienfeiern sind häufig die Folge von ungeklär-ten Clanstreitigkeiten.

Unten, vor der Tür des Hauses, in dem der junge Mann aus dem Clan sitzt, parkt ein nagelneuer BMW im Wert von rund 80 000 Euro. Der Wagen gehört angeblich einem seiner Cousins, «der eine Mietwagenfirma hat». Der Fahrer selbst bezieht Hartz IV. Er lebe davon, sagt er. Der Preis für den Kaschmir-Pullover, den er trägt, dürfte an den Monatssatz seiner staatlichen Transferleistung heranreichen. Und das Autokennzeichen der sportlichen hochmotorisierten Limousine weist seine Initialen aus.

Aus dem Mund eines erfahrenen Staatsanwalts, der sich seit vielen Jahren mit den kriminellen Clans in Berlin beschäftigt, hört sich das so an: «Die Täter, die wir verfolgen, fahren dicke Autos und leben legal von Transferleistungen. Wenn Sie dann gucken, wem das Auto gehört, dann nicht demjenigen, der es fährt.» Das ist es, woran die Ermittler verzweifeln: Dass sie den Clans ihr kriminell erlangtes Vermögen nicht nachweisen können, auf das der Staat demzufolge auch keinen Zugriff hat. Sie fühlen sich vielfach «verarscht» und «lächerlich gemacht». Anschaulich schildert der Staatsanwalt eine Begebenheit aus den Ermittlungen in diesem Milieu: «Es gab einen Fall, in dem wir mit Durchsuchungsbeschluss die Wohnung eines Angehörigen eines arabischen Clans betreten haben: Da stehen ein paar Winterstiefelchen und da lag eine Rolle mit 64 000 Euro drin. Die nehmen wir erst mal mit. Um sie eine Woche später wieder rausgeben zu müssen. Weil es keine Möglichkeit gab, das Geld zu behalten. Denn da kam ein Schriftstück von einem Anwalt, in dem [im Namen des Mandanten, olsu] stand, dass meine Tante einen Kredit aufgenommen hat, und ich das Geld für sie verwahre, das sie mir gerade übergeben hat.» Auch dieser Mann bezieht staatliche Transferleistungen, «von denen er nicht einmal seine Miete bezahlen könnte».

Die arabischen Großfamilien kamen ursprünglich als Bürgerkriegsflüchtlinge seit Ende der 1970er Jahre in die Bundesrepublik. Der Migrationsforscher Ralph Ghadban beschreibt ihre damalige Situation wie folgt: «Da bei dieser Art von Flüchtlingen eine individuelle politische Verfolgung schwer nachweisbar ist, wurden ihre Asylanträge in der Regel abgelehnt, gleichzeitig konnten sie aber wegen der kriegerischen Handlungen in ihrer Heimat nicht abgeschoben werden und verwandelten sich in Defacto-Flüchtlinge».[56] Demzufolge sind sie «in erster Linie Flüchtlinge aus dem Libanon, nämlich Palästinenser, Staatenlose kurdischer Abstammung und libanesische Staatsangehörige».[57] Wegen ihrer Herkunft aus dem Libanon gelten sie in Deutschland wie andere Menschen aus arabischen Ländern auch als «Araber». Allerdings unterscheiden sie sich deutlich von Migranten aus dem Maghreb, von denen sich besonders viele im Rheinland angesiedelt haben.

Über den Ost-Berliner Flughafen Schönefeld reisten zahlreiche dieser De-facto-Flüchtlinge schließlich in den Westen ein und sind seither in der Stadt. Die DDR hatte sie damals unkontrolliert weiterziehen lassen. Im Westen wurden sie schließlich zu einem Problem, zumal ihre Identität nie zweifelsfrei festgestellt werden konnte. Viele von ihnen sind staatenlos und dürfen deshalb offiziell nicht arbeiten. Bis heute operieren die Bosse mit Tarnidentitäten, hantieren mit verschiedenen Geburtsorten und -daten, wie es zahlreiche Flüchtlinge aus der aktuellen Einwanderungswelle auch tun. Für die kriminellen Mitglieder der Clans haben sich daraus ideale Möglichkeiten beim Bau an der eigenen Parallelwelt ergeben. Wohl auch, weil niemand dabei so richtig aufgepasst hat. Und heute sind Staat und Gesellschaft mit ihnen überfordert. Vor Wahlen in den jeweils betroffenen Bundesländern, vor allem in Nordrhein-Westfalen, Niedersachsen, Bremen und Berlin, fordern Politiker wiederkehrend die Ausweisung krimineller Clan-Mitglieder. Nur nimmt der Libanon die meisten der Ausreisepflichtigen nicht zurück.

Einige der renommierten Strafverteidiger, die mit den zahlreichen Mandaten aus diesen Kreisen gut beschäftigt sind, geben unterdessen dem deutschen Staat die Schuld an der kriminellen Lebenswirklichkeit dieser Leute. Den Begriff der «arabischen Großfamilien» lehnen sie ab. Das sei ein «politischer Kampfbegriff», sagen sie. Dennoch lohnt es sich, ihnen zuzuhören, um das Wesen der Clans besser zu verstehen. In Berlin gibt es rund 20 arabische Großfamilien, aber längst nicht alle leben von organisierter Kriminalität. Einige Familienmitglieder beklagen die pauschale Diffamierung, die sie vor allem durch staatliche Stellen erfahren, sobald sie einer der bekannten Großfamilien zugeordnet werden können. Es ist ein Dilemma, das befruchtet wird durch Ignoranz, falsch verstandene politische Korrektheit, Unverständnis und politische Skandalisierung.

Nur sieben oder acht der Berliner Clans würden «über Gebühr ... Straftaten begehen», heißt es dazu auf Anfrage bei der Berliner Staatsanwaltschaft. Niemand weiß genau, wie viele Mitglieder dieser Großfamilien in Berlin leben. Fachleute wie der Migrationsforscher Ralph Ghadban schätzen ihre Zahl auf 12 000. In Essen sollen es 6000 sein. Und sie werden mehr, weil jeder, der im Clan aufwächst, angehalten wird, innerhalb der Großfamilien zu heiraten und eine Familie zu gründen – um den Wohlstand und die Widerstandsfähigkeit des Clans zu mehren. Tatsächlich leben die meisten von ihnen in einer der viel beschworenen Parallelwelten, die sich in den vergangenen Jahrzehnten in Deutschland aus vielerlei Gründen aufgetan haben, und aus denen der Kriminalitätsdruck in einigen deutschen Großstädten zunehmend wächst.

Kaum ein Außenstehender kennt das Leben der arabischen Großfamilien so gut wie Ralph Ghadban, der selbst im Libanon aufgewachsen ist. Als Stipendiat kam er bereits Anfang der 1970er Jahre aus Beirut nach West-Berlin. Von den arabischen Großfamilien war da noch niemand in Deutschland. «Damals gab es nur eine Hand voll Araber in der Stadt, und wir waren alle Studenten», erinnert sich Ghadban an die Zeit vor der Parallelgesellschaft, die er später selbst erforscht hat. Schon im Libanon seien diese Familien nicht integriert gewesen. «Sie wurden abgelehnt und lebten in Ghettos, wo sie keine Rechte besaßen und auf sich selbst angewiesen waren», erläutert er. Das habe die Clanstrukturen aus ihren ursprünglichen Heimatdörfern weiter verstärkt. «Im libanesischen Bürgerkrieg wurden ihre Ghettos zerstört, die Slums um Beirut. Und dann sind sie nach Deutschland gekommen.» Hier setzte sich die Geschichte gescheiterter Integration schließlich fort und überträgt sich auf die Mitglieder der nachgewachsenen Generation, die nach dem Vorbild ihrer älteren Verwandten als Kriminelle heranwachsen – und damit der Familientradition folgen.

Am Ende geht es ihnen vor allem um Anerkennung, die ihnen auf dem langen beschwerlichen Weg über Bildung und beruflichen Erfolg verwehrt bleibt, auch weil ihnen oft die Fähigkeiten fehlen, diesen Weg zu gehen. Oder weil er ihnen wegen der Herkunft ihrer Familie verschlossen ist oder weil sie am Anfang des Weges denkbar schlechte soziale Voraussetzungen vorgefunden haben. Es ist wohl eine Gemengelage von allem. Vor allem aber sind sie von denkbar schlechten Vorbildern umgeben: von älteren Brüdern, Onkeln und Cousins im Clan, die teure Autos fahren, teure Klamotten tragen, einmal die Woche zum Frisör gehen und ihr Geld mit Frauen oder Drogen verdienen sowie mit spektakulären Überfällen. Der junge Mann mit dem nagelneuen BMW wirkt stolz darauf, Mitglied einer Familie zu sein, über die gelegentlich die ganze Stadt redet. Er lacht darüber, dass sich die «Leute beim LKA» in einer eigenen kleinen Abteilung nur mit seiner Familie beschäftigen. Wer kann das schon von sich behaupten? Auch wenn er sich im gleichen Atemzug darüber beschwert, dass jedes ihrer Verkehrsdelikte gleich im Dezernat für organisierte Kriminalität landet.

Echte Berliner

Die Erwartungen an materiellen und sozialen Status, die Männer wie er haben, übersteigt um ein Vielfaches die eigenen Fähigkeiten, sie auf legalem Wege zu erfüllen. So ist es auch bei einem anderen jungen Mann, dessen Clan in vier deutschen Städten insgesamt rund 2500 Mitglieder hat. Als Angehöriger einer Bande aus dem Berliner Bezirk Wedding war er an zahlreichen Blitzeinbrüchen in ganz Deutschland beteiligt, bei denen die Täter zum Teil mit gestohlenen Autos in Elektronikmärkte fuhren. «Ich war jetzt schulisch nicht so begabt, und hätte auf die Schnelle auch keinen Job gefunden, bei dem man gut verdient. Dann nimmt man sein Schicksal eben selbst in die Hand und tut, was man am besten kann», sagt er und lacht verlegen. Immer geht es um das «schnelle Geld», wie er sagt: «Denn die Frage ist ja, wie kommt man an Geld ohne jemandem weh zu tun und ohne großen Aufwand.»

Diese Fragen stellen sich die neun vermummten Männer auf der Aussichtsplattform über dem Gesundbrunnen im Wedding immer wieder. Einige von ihnen gehören zur Bande des Clanmitglieds. Sie alle sind im selben Kiez aufgewachsen, den ihr Anführer eine «Ausbildungsstätte des Verbrechens» nennt. Sie haben sie selbst durchlaufen. «Wedding ist hochkriminell», sagt er. Der türkische Kurde hat sich den Namen «AK – Außer Kontrolle» gegeben. Er ist Gangsterrapper und Serieneinbrecher, hat dafür in Haft gesessen. In seinen Musikvideos, die «Echte Berliner» heißen oder «Ich will alles», geht es um Blitzeinbrüche: «Ruckzuck – rein, raus. Blitzaktion, zwei Minuten höchstens. Man nennt es ‹Arbeit› hier», sagt er. «Ich rappe über Geschichten von meinen Jungs, die sie alle wirklich gemacht haben, Blitzeinbrüche, Mediamarkt, Saturn, Juweliere.»

Damit stilisiert er die Kriminalität zur Lebenshaltung, Einbrüche zu einem gängigen Tagwerk, den Gangster zum Vorbild für Heranwachsende. Auch der spektakuläre Einbruch in den berühmten Apple-Store am Ku'damm im Vorweihnachtsgeschäft vor ein paar Jahren war das Werk der Weddinger Jungs, auf das sie mächtig stolz sind.

Mit einem Rammauto durch die Fensterfront, die Ware in Kopfkissenbezüge. Ruckzuck wieder raus. So geht die Masche der Blitzeinbrecher. Ihre Songtexte gehen so:

«Mit Sturmmaske und Brecheisen in den Benz steigen
Auf die Autobahn, mit geklauten Kennzeichen (…)
Lass das Geschäft steigen, was ins Geschäft schleichen / Mit
der Flexscheibe durch die Decke ins Geschäft steigen / Zerfetz
Scheiben mit dem 5 Kilo Hammer»
«Mit 180 durch die Stadt
Tacho platzt, kein Bulle schnappt mich»

Selbst wenn mitunter Prahlerei solche Schilderungen färben
mag: Ohne Realitätsgehalt sind sie nicht. Denn ab und zu werden
sie eben doch erwischt, etwa nach einem Einbruch in einen
Mediamarkt in Dresden. Auf der Flucht stellt die Berliner Polizei
acht von ihnen, die längst observiert wurden. «Danach hatten wir
erst einmal Ruhe in der Stadt», sagt Michael Adamski, der sich
beim LKA um solche besonders schweren Einbrüche kümmert.
Seine Kundschaft stammt aus dem Milieu, mit dem die jungen
Männer aus den kriminellen Großfamilien verbunden sind. Er
nennt sie «hedonistische Täter», weil sie kriminell sind, um sich
ein schönes Leben in Berlin zu machen. Dass sie dabei ihren
Wohnort Berlin nicht wechseln, kommt dem LKA entgegen. «Bei
manchen Wohnungsdurchsuchungen stehen wir dann vor einem
Etagenbett im Kinderzimmer, weil viele unserer Täter noch bei
Mutti leben», sagt der erfahrene Kriminalbeamte. Die Zahl derer,
die vom Wedding aus bundesweit aktiv sind, schätzt er auf 50
junge Männer. Nachdem Adamski Kontakt zu Kollegen in anderen Bundesländern aufgenommen hatte, und Fälle abgleichen
konnte, kam er auf bundesweit 500 Einbrüche, die er diesem
Kreis zuordnen konnte. Aufklären ließen sich davon allerdings
nur die wenigsten.

Nachts rasen die Bandenmitglieder über die Autobahnen, suchen sich Ziele in der Nähe der Fluchtwege zurück nach Berlin.
«Denn hier wurden schon zu viele Sicherheitsvorkehrungen getroffen», sagt der Gangsterrapper AK und meint die Poller, mit
denen sich die Elektronikmärkte inzwischen vor ihren Rammau-

tos schützen. Die Methode, die nach dem Terroranschlag mit dem Sattelschlepper auf dem Berliner Breitscheidplatz heftig diskutiert wurde, findet vor den Media-Märkten der Stadt schon seit Jahren Anwendung. Poller gegen Angriffe mit Fahrzeugen. Zusätzlich werden dort zum Ladenschluss die Auslagen vom Personal ausgeräumt.

Die Behörden in anderen Bundesländern sind sensibilisiert: Fälle aus Kiel, aus Nordrhein-Westfalen, aus Tatorten entlang der A2, und Hessen liefen beim Berliner LKA auf. So konnte auch der Einbruch in ein Bielefelder Juweliergeschäft Berliner Tätern zugeordnet werden, wegen eines Blitzerfotos ihres 560-PS-Audis. Aber unmittelbar nach ihren Taten ist den Blitzeinbrechern nicht beizukommen. Mit dieser Gewissheit sind sie unterwegs: «Wenn die Cops hinter einem her sind und man mit 300 Sachen über die Autobahn brettert, da trauen sie sich nicht mehr hinterher.» Schließlich sind es aber doch die Autos, über die immer wieder einzelne Täter ermittelt werden. Sie gehören kleinen Mietwagenfirmen, die selbst in diesem kriminellen Milieu zu verorten sind. Für einen Wochenpreis von bis zu 2000 Euro werden sie an die Blitzeinbrecher vermietet, über Scheinidentitäten, so dass der Vermieter am Ende nur schwer haftbar zu machen ist.

Fast alle der 50 Berliner Blitzeinbrecher sind junge Männer mit Migrationshintergrund. Der moslemische Gefängnisseelsorger Levent Yükcu hat einige von ihnen kennen gelernt, auch den jungen Mann aus der arabischen Großfamilie, der für seine Mitgliedschaft in der Bande zwischenzeitlich verurteilt wurde und in der Justizvollzugsanstalt Plötzensee einsaß. «Wenn sie entlassen werden, stehen die gleichen Kumpels mit dem dicken Benz vor dem Gefängnis und sagen, ey da sind wir wieder, wir holen dich ab. Da ist es nur eine Frage der Zeit, bis sie wieder kriminell werden», sagt Levent Yükcu. Tatsächlich liegt die geschätzte Rückfallquote bei solchen Straftätern bei 70 Prozent. Viele Mitglieder aus diesem Milieu kennt der Seelsorger auch aus der Şehitlik-Moschee in

Neukölln, der größten in der Stadt. In der Cafeteria der Moschee sitzen einige der Clanmitglieder oft zusammen. Auf dem angrenzenden Friedhof sind einige aus den Familien beerdigt. Zu den Trauerfeiern reisen bis zu 3000 Menschen aus dem ganzen Bundesgebiet an und versetzen die Polizei in Alarmzustand, weswegen zum Teil ganze Hundertschaften eine Beisetzung bewachen.

Aber der Polizei gelingt es nicht, die Straftäter aus diesen Kreisen durchgängig im Blick zu behalten. Ihre Taten können überall stattfinden. Und Blitzeinbrecher sind nur wenige Minuten am Tatort. «Da hat man keine Spuren, keine weiteren Hinweise, keine Zeugen. Da hat man meistens nichts. Wenn man so eine einzelne Tat hat, ist die Aufklärungschance verschwindend gering», erläutert Staatsanwalt Sebastian Sendt, der einige Täter aus dem Wedding schließlich überführen konnte. Selbst als sie bei einem Einbruch in eine Kaufland-Filiale von dem Fahrer eines Lieferwagens überrascht werden, ein weiterer Zeuge sie bei ihrer Flucht sogar mit dem Handy filmt, bringt es die Täter nicht aus dem Konzept. Der Mann aus der Großfamilie erinnert sich noch genau an diese Nacht: «Man bleibt cool. Denn jeder kluge Mensch, der in einem Lkw sitzt und sieht gerade acht maskierte Leute, der bleibt einfach im Lkw sitzen.» Staatsanwalt Sendt konnte die Bande erst vor Gericht bringen, nachdem ihre Mietwagen mit Peilsendern versehen worden waren. Über die Bewegungsprofile bei ihren Einbrüchen verrieten sie sich. Einen Führerschein hatten die meisten Bandenmitglieder nicht. Autofahren habe er mit der Playstation gelernt, sagt das Bandenmitglied.

Und sie alle kennen sich aus dem Wedding, wo der Gangsterrapper AK erzählt, wie es nach einer Verhaftung weitergeht: «Die Kohle ist dann natürlich ganz woanders gebunkert. Und man hat Familie, Freunde, Brüder, die sich darum kümmern, die Kohle holen und die Anwälte dann bezahlen. Und der Anwalt kriegt die meisten Leute raus. Wegen geringer Beweislast werden viele freigesprochen.» Dafür müsse man am Ende 15000 bis 20000 Euro hinblättern. Das Geld stammt demnach aus ihrer Beute, die sie unmittelbar nach ihren Taten bei Großhehlern in der Stadt umsetzen. «Aber bei wem die Ware am Ende bleibt, ist für uns ein schwarzes Loch», sagt Staatsanwalt Sendt. Er habe einen Verdacht, mehr aber nicht.

Beim Rockerjäger von Moabit

Sjors Kamstra gehört deutschlandweit zu den erfahrensten Ermittlern im Bereich der organisierten Kriminalität überhaupt. Über seinen Schreibtisch gingen sämtliche große Fälle, die in den vergangenen Jahren medial für Aufsehen gesorgt haben: in Berlin und darüber hinaus. Die besten Strafverteidiger der Hauptstadt sehen ihn als ihren wichtigsten Gegenspieler. Für Schwerkriminelle ist er das Gesicht des Staates, der sie bekämpft. Ein hageres mit bemerkenswert klaren blauen Augen, die entschlossen aber zugleich freundlich blicken. Es braucht wenig Phantasie, um in ihm eine Filmfigur zu sehen – die Idealbesetzung eines Staatsanwaltes. Aber sein Job ist keine Fiktion, er lebt den aktenreichen Arbeitsalltag des leitenden Angestellten einer deutschen Behörde. Gründlich, zuverlässig und jeden Tag aufs Neue. Sjors Kamstra ist Teil der Berliner Justizgeschichte. Das ist schon Drama genug.

In den vergangenen Jahren hat er vor allem gegen Mitglieder krimineller arabischer Großfamilien ermittelt – sowie im Rockermilieu, das durch gewaltsame Revierkämpfe zwischen verfeindeten Gruppen geprägt ist. Es geht um Geschäfte mit Drogen, Frauen und Schutzgeld, in denen beide Gruppen schon mal in zeitlich begrenzten Allianzen stecken. Manchmal stehen sie sich aber auch verfeindet gegenüber. Um ihren Machtanspruch auch gegen die Rockerszene durchzusetzen, hatte eine der kriminellen Großfamilien vor Jahren einen eigenen Rockerclub in Berlin gegründet, einen Ableger des «Mongols MC», eines mächtigen Feindes der «Hells Angels» in den USA. Dieses Konzept hatte der Clan bereits für seinen starken Familienzweig in Bremen erprobt. In Berlin forderten Mitglieder von gleich drei unterschiedlichen Clans damit die «Hells Angels» heraus, mit denen sie im Geschäft um die Straßenprostitution hart konkurrieren. Aber letztlich scheiterten sie. Von den 22 Gründungsmitgliedern hatte übrigens keiner einen Motorradführerschein und nur einer überhaupt einen Autoführerschein. Mit dem Anspruch, ein Motorradclub zu sein, haben viele der zahlreichen neuen Rockergruppen in Deutschland längst nichts mehr zu tun. Es ist lediglich eine organisierte kriminelle Form der Subkultur.

Und immer wieder geht es um die Ehre, beziehungsweise um das, was diese Kriminellen dafür halten. Seitdem die Rockerszene bundesweit starken Zulauf von jungen Männern mit Migrationshintergrund hat, erlebt der Ehrbegriff in diesen Kreisen einen deutlichen Wandel. Alleine in Nordrhein-Westfalen hat sich die Zahl der Rocker nach Angaben des LKA seit 2010 vervierfacht auf über 2100, wegen des starken Zulaufs junger Männer mit Migrationshintergrund – neben den Türken und türkischstämmigen Deutschen sind das vor allem Männer mit kurdischen und libanesischen Wurzeln. Diese Entwicklung bestätigt auch Sjors Kamstra, einer der erfahrensten Rockerexperten in Deutschland: «Bundesweit haben die etablierten Rockergruppierungen regen Zulauf, bevorzugt von migrantischen durchschlagswilligen jungen Männern. In den vergangenen Jahren gab es gehäuft Neugründungen von ganz neuen Gruppen», erläutert der Staatsanwalt. In der Hauptstadt soll es inzwischen 1200 Rocker geben, die sich auf etwa 20 Clubs verteilen. «In Berlin haben wir beispielsweise die Guerilla-Nation, Supporter der Hells Angels Gießen. Das ist schon eine komische Kampflage, aber mit denen haben wir hier – flapsig ausgedrückt – alle 14 Tage Ballett.»

Spricht man mit Personen aus der Klientel, die Kamstra als Rekrutierungsfeld ausgemacht hat, dann erschließt sich der Grund für diesen Zulauf. So geben beispielsweise gleich mehrere Schüler eines Bildungsprojektes in der Nähe der U-Bahn-Station «Osloer Straße» im Wedding an, dass sie jetzt bei den «Bandidos» mitmachen würden, deren Clubhaus nur einen Kilometer weit entfernt steht. Sie prahlen damit. Ob sie die Wahrheit sagen oder nicht, ist irrelevant. Denn auf Anhieb wird deutlich, dass es für sie ein erstrebenswertes Ziel ist, Mitglied einer Rockergruppe zu sein. Das erwähnte Bildungsprojekt ist eine Einrichtung für Schüler in einem Problemkiez, die an anderen Schulen bereits durchs Raster gefallen sind: ein alternativer Bildungsweg. Einige Schüler haben Hafterfahrung, andere sind Freigänger aus dem Strafvollzug und nutzen den Schulbesuch hier vor allem, um ihre sozialen Kontakte zu pflegen. Dabei steht bei einigen der mögliche Abschluss im Hintergrund, wie sie freimütig erzählen. Der Bildungsträger, seine Geschäftsführung, die Lehrer und Sozialarbeiter hier führen einen Kampf an zwei Fronten: gegen eine Gesellschaft, die ihre Schüler aus den unterschiedlichsten Gründen häufig ablehnt. Und gegen die Schüler selbst, die auf kurzfristige Anerkennung in ihrem sozialen Umfeld setzen, die sie auf dem Wege einer Ausbildung hier kaum erreichen können. Dagegen erscheint das Rockersein bereits als Leistung, die Anerkennung schafft und damit Respekt.

Die Ehre findet sich über die Maßen als Motiv für Gewalttaten. Wiederholt kommt es zu Auftragsmorden, die Berlin erschrecken. Einer dieser Fälle wurde als «Wettbüromord» bekannt. Die Aktenlage dieses Falls füllt in den Räumen der Staatsanwaltschaft ein komplettes Regal. Drei Staatsanwälte aus Kamstras' Abteilung sind mit der jahrelangen Aufklärung des Mordes beschäftigt. Dabei stürmten 13 Männer in ein Café in Reinickendorf im Nordwesten der Stadt, darunter elf Rocker des auf Veranlassung von Sjors Kamstra verbotenen «Hells Angels» Chapters. Einer der Männer, ein junger mutmaßlicher «Anwärter» (Prospect) für eine Vollmitgliedschaft bei den «Hells Angels», schoss innerhalb kürzester Zeit achtmal auf das Opfer. Die Hinrichtung war ein Racheakt, eine Machtdemonstration. Auf der Flucht vor Kamstras' Ermittlern hielten sich zwei der «Hells Angels» eine Zeit lang in der Türkei auf, darunter ein ehemaliger Ersatztorhüter von Eintracht Frankfurt, den es erst zu den Rockern am Main, und dann zu seinen «Brüdern» nach Berlin gezogen hatte. In der Türkei zeichneten sie ein Video auf, das sie anschließend an einen Verlag nach Berlin schickten. Es zeigt die beiden Angels in weißen T-Shirts mit der Aufschrift der verbotenen «Berlin City 81» Crew zwischen zwei Bäumen. An diesen hängen zwei Farbausdrucke: Auf dem einen, rechts im Bild, ist das Foto eines Aussteigers aus ihrer eigenen Gruppe zu sehen, der seine ehemaligen Brüder als Kronzeuge der Staatsanwaltschaft schwer belastet. An einem zweiten Baum heftet das hagere Gesicht von Staatsanwalt Kamstra; er blickt unter seinem vollen grauen Haar in die Kamera. Man hört zwei Männerstimmen im Wechsel.

«Das sind die Hurensöhne der Stadt.»

«Wenn du sein Gesicht triffst: 500 Euro, Bruder.»

«Ich fick' seine Mutter!»

Danach rattert die Salve einer Maschinenpistole, deren Mündungsfeuer aufflammt.

Der Kronzeuge steckt in einem Zeugenschutzprogramm. Sjors Kamstra erhält monatelang Personenschutz durch das LKA. Man nimmt die Bedrohung ernst. Einer der prominenten Rockeranwälte nennt diese Begebenheit «eine unangenehme Geschichte».

Von denen kann Sjors Kamstra zahlreiche erzählen. Auch von den Einschüchterungen durch arabische Großfamilien. «Weil die jeden Menschen und Zeugen massiv beeinflussen, der ihnen in die Quere kommt.» Eine seiner Geschichten geht so: Ein Großfamilien-Angehöriger wirft einem anderen Menschen aus dem Milieu mangelnden Respekt vor. Sie waren sich im Zuge eines Drogendeals begegnet. Die Geschichte eskalierte so, dass dem späteren Opfer mit einem «nicht näher bezeichneten Werkzeug eine erhebliche Stichverletzung durch den Kiefer» beigefügt wurde. Der Mann ging schließlich zur Polizei und identifizierte dort den Täter. «Ab diesem Tag begann sein Martyrium. Die haben alle Register gezogen.» Ausgehend von Gesprächen mit einem «Familienoberhaupt» der Clans.

Zunächst habe man ihm verdeutlicht, dass es nicht gesund sei, sich mit diesen Leuten anzulegen. Doch er habe nicht locker gelassen, da er sich ungerecht behandelt fühlte. Dann sei ihm Geld angeboten worden, das er zunächst auch akzeptiert habe. Es sei sogar eine Anzahlung geflossen, damit er seine belastenden Aussagen nicht wiederholt oder den Mann nicht wiedererkennt. Doch der Mann habe es sich schließlich anders überlegt und trotzdem ausgesagt. «Dann hat man eine Art Entführung inszeniert», sagt Kamstra. «Die haben ihn in den Kofferraum gepackt und deutlich gemacht, dass es ungesund für ihn ist zu reden. Dann hat er auf die Fresse gekriegt. Dann hat er in der Hauptverhandlung gesagt, ich kann mich überhaupt nicht mehr erinnern.» Dennoch hat es für eine vergleichsweise milde Verurteilung gereicht. Aber damit war die Sache nicht zu Ende.

Irgendwann sei der Mann mit einem Kumpel in eine Szenekneipe zum Kartenspielen gegangen. Dort erschienen dann drei Männer: Von denen habe ihn einer festgehalten, der zweite habe die übrigen Kneipengäste beruhigt, der dritte hätte ihm schließlich mit zahlreichen Messerstichen den Oberschenkel «perforiert».

In der No-Go-Area

Wenn der freundliche Herr Böttcher beim Kaffee in seinem Büro an der Rollbergstraße im nördlichen Neukölln über die «besonderen Problemlagen» in seinem Kiez spricht, faltet er gemütlich die Hände über dem Bauch und erwähnt in gelassener Beiläufigkeit, dass man die «jungen Kollegen» schon mal «ein bisschen zügeln» müsse. Auch um die «Jungs aus den Großfamilien nicht unnötig zu provozieren». Das heißt natürlich nicht, dass diese Familien keine weiblichen Mitglieder hätten. Die allerdings stellen die Berliner Polizei in der Regel nicht vor solche Herausforderungen wie ihre männlichen Verwandten, die hier das Gros auf der Liste der polizeilich geführten Intensivtäter ausmachen. Kurzum: In der Gegend, in der Thomas Böttcher für Sicherheit sorgen muss, gibt es schon genug Ärger. Den muss man nicht noch zusätzlich heraufbeschwören. Der «Polizeiabschnitt 55», den er verantwortet, liegt mitten im «Araberland». So heißt die Gegend zwischen U-Bahn-Station Hermannstraße, Sonnenallee und Şehitlik-Moschee unter den 250 Kollegen, die ihm unterstehen. Dazwischen leben immer mehr zugezogene Studenten und trendbewusste junge Akademiker. Das «Araberland» ist zugleich die Hipster-Hochburg Deutschlands. Man lebt so nebeneinander her.

Wenn aus Berlin Bilder über die ausufernde Kriminalität in der Hauptstadt gesendet werden, über die Parallelgesellschaft, über Drogen, Döner und dicke Deals, ist die Wahrscheinlichkeit hoch, dass sie aus Böttchers Revier stammen. Es sei eben eine Gratwanderung, wie man den Mitgliedern der arabischen Großfamilien begegne, sagt er. Wegen der besonderen Belastung bei den zahlreichen Einsätzen in der Gegend sind Böttcher überdurchschnittlich viele «junge Kollegen» unterstellt, weil sie besonders belastbar sind. Im offiziellen Sprachgebrauch der Polizei existiert der Begriff der kriminellen Großfamilien – oder Clans – übrigens nicht. Sie lassen sich auch nicht zerschlagen wie eine Bande von Kriminellen, die sich aus Gründen der Arbeitsteilung zusammengefunden hat – oder verbieten wie ein Rockerclub oder eine Neonazi-kameradschaft. Eine Familie bleibt eine Familie, auch wenn sie kriminell ist.

Thomas Böttcher ist einer der erfahrensten unter den 16 000 Beamten im Berliner Polizeivollzugsdienst. Als Einsatzleiter im nördlichen Neukölln setzt er auf Tugenden, die aus seiner über 40-jährigen Dienstzeit rühren: Besonnenheit und respektvolle Konsequenz, die sich wohltuend von der herausfordernden, aufgesetzten Dominanz vieler noch junger Schutz- und Bereitschaftspolizisten im Einsatz unterscheidet. Er gehört zu denen, die das Andenken an die Jugendrichterin Kirsten Heisig hochhalten. Viele Politiker und Behördenvertreter in Berlin sprechen noch immer in großer Ehrfurcht von der 2010 verstorbenen Juristin, die als erste das öffentliche Tabu im Umgang mit der besonderen Kriminalitätsbelastung unter jungen Männern aus bestimmten migrantischen Milieus gebrochen hat. Sie ist längst zum Symbol des rechtsstaatlichen Kampfes geworden, der in einzelnen Berliner Bezirken gegen Verwahrlosung und kriminelle Zustände geführt wird. Ihr zu Folge hätten die Staatsbediensteten in Gegenden wie Nordneukölln keinen Respekt von den Tätern zu erwarten, im Gegenteil: Beschimpfungen und Demütigungen seien an der Tagesordnung. In diesem Kontext sah sie auch die sogenannte «Rudelbildung» in Stadtteilen, die überwiegend von Migranten bewohnt werden. Plötzlich seien die Beamten dann von 20 bis 30 Männern und Jugendlichen mit Migrationshintergrund umringt, die sehr entschlossen zeigten, dass die jeweilige polizeiliche Maßnahme nicht erwünscht sei. Heisig sah das als weiteren erheblichen Verlust staatlicher Autorität an.[58]

Für Thomas Böttcher ist das Alltag. Und weil ihm nach so vielen Jahren im Polizeidienst niemand mehr vorschreiben kann, was er öffentlich sagt, nennt er die Orte mit dem Mangel an staatlicher Autorität beim Namen: «No-Go-Area». Er weiß, dass um diesen Begriff längst ein politischer Streit um Deutungshoheit im ganzen Land entbrannt ist. Geführt wird er vor allem auch an jenen Orten, in denen die Clans das Sagen haben – und zwar nicht nur die arabischen. Auch Roma-Clans stellen in einigen Stadtteilen längst die staatliche Hoheit infrage, etwa in Duisburg, Gelsenkirchen oder in der Dortmunder Nordstadt.

Ein paar Minuten von dem behördlichen Zweckbau des «Polizeiabschnitts 55» entfernt liegt die Emser Straße. In ganz Deutschland gibt es kaum eine Gegend mit einer höheren Dichte an Menschen mit arabischem Migrationshintergrund. 70 Mitglieder arabischer Großfamilien leben allein in dieser Straße, darunter zahlreiche Kriminelle. Insgesamt sind vier arabische Großfamilien in dem Kiez zu Hause, mit mehreren Hundert Mitgliedern. In der Umgebung der U-Bahn-Station «Hermannstraße» gehören den Großfamilien auch einige Mehrfamilienhäuser. Beim LKA und in der Bezirksverwaltung ist zu hören, dass sich einige dieser Familienmitglieder über das Eigentum an Immobilien vom «Dunkelfeld ins Hellfeld bewegen», also über Geld, das illegal verdient wurde, über Schutzgeld und Prostitution, ins ganz legale Geschäft. Auch Drogengeld vermutet das LKA hinter dem Kapital für den Kauf der Häuser. Aber ohne endgültige Umkehr der Beweislast, wie sie viele Ermittler und einige Politiker fordern, wird der Beweis dafür niemals zu erbringen sein. Das Sagen hier hat vor allem eine arabische Großfamilie. Ihr gehört auch eine Shisha-Bar, ein Treffpunkt der kriminellen Szene, den Böttchers Leute besonders im Visier haben. Vor ein paar Jahren wurden hier drei Männer im Streit um einen Drogendeal niedergeschossen. Seither hat die Polizei den Kontrolldruck erhöht. Parken in zweiter Reihe wird hier nicht mehr geduldet. Der dem Clan gehörende anthrazitfarbene Bentley Continental mit über 500 PS und einem Neupreis von rund 180 000 Euro parkt deshalb um die Ecke, neben einem neuwertigen schwarzen Range Rover. In einem Bezirk mit der höchsten Konzentration an Hartz-IV-Empfängern in der Stadt.

Für Thomas Böttcher ist all das Normalität. «In dieser Gegend hat sich eine Parallelgesellschaft etabliert. Ganz besonders bei Menschen mit arabischen Wurzeln.» Das seien häufig Leute, die eine Ordnungsmacht in ihrem Viertel nicht wünschten. Deshalb sei die Polizei hier nicht willkommen. Jederzeit können Routineeinsätze eskalieren, wie nach einem Verkehrsunfall, an den Thomas Böttcher sich erinnert. «Eine eher belanglose Geschichte, die dazu geführt hat, dass sich innerhalb ganz kurzer Zeit 50 bis 70 Personen um meine Mitarbeiter versammelt haben, diese bedrängt und beschimpft haben», sagt er. «Diese Leute wollten eben deutlich machen, dass sie sich im Zweifel gegen eine kleine Zahl von Beamten durchsetzen können.» Einzelne Polizisten würden von Mitgliedern der arabischen Großfamilien sogar nach Dienstschluss bedroht, regelrecht «ins Visier genommen», erzählt Böttcher. Sie seien verfolgt, abgepasst und mit dem Auto bedrängt worden. Zum Teil geschieht das zielgerichtet, etwa weil die Verfolger einen Beamten ausgemacht haben, der für Einsätze in einer bestimmten Straße verantwortlich ist, die sie als ihr Revier betrachten. Damit wollen sie erreichen, dass die Polizei sich aus ihren Angelegenheiten raushält. All das läuft unterhalb der Strafbarkeitsgrenze ab. Aber die Bedrohung ist real.

Thomas Böttcher sieht in dieser aggressiven Behelligung ein planmäßiges und wiederkehrendes Handeln, über das gezielt eine Drohkulisse aufgebaut wird, «damit sie in Ruhe ihren kriminellen Geschäften nachgehen können». Für ihn steht außer Zweifel, dass die Clans über dieses Konzept das Gewaltmonopol des Staates infrage stellen. Das gelte im Übrigen nicht nur gegenüber der Polizei. Auch im Kontakt mit anderen Behörden wie dem Jugend- oder dem Finanzamt treten die Mitglieder der arabischen Großfamilien oft rabiat auf.

Die Neuköllner Bezirksbürgermeisterin Franziska Giffey (SPD) will solche Zustände nicht akzeptieren. Bis sie in dieses Amt kam, hatte sie als junge Frau das Büro ihres Vorgängers geleitet. Damals war Heinz Buschkowsky (SPD) schon eine prominente und deutlich wahrnehmbare Stimme in der öffentlichen Debatte um verwahrloste Orte, jugendliche Intensivtäter, Parallelgesellschaften, Friedensrichter, islamische Gerichtsbarkeit und kriminelle arabische Großfamilien. Bis heute trägt er seine klaren Positionen deutlich und verständlich vor, auch als Kolumnist und im Fernsehen. Sein Publikum liest die *Bild-Zeitung* und schaut *RTL*; seine Kritiker sagen er sei laut, poltrig und wenig diplomatisch. Demgegenüber wirkt seine promovierte und stets gut frisierte Nachfolgerin in ihren adretten Hosenanzügen mit ihrer verbindlichhöflichen Art auf Menschen zuzugehen wie ein Gegenmodell. Aber auch sie hält das Andenken an Kirsten Heisig hoch. So betont Franziska Giffey, dass die staatlichen Stellen den Kampf um die territoriale Deutungshoheit in solchen Kiezen nicht aufgeben dürfen. Sie fordert eine «starke Hand des Staates». Statt eines Rückzugs wünscht sie sich eher mehr Polizei in der «Emser» und anderen Straßen. «Es braucht eine starke Polizei, um dort den Rechtsstaat durchzusetzen», sagt sie leise aber entschieden. «Es ist wichtig, dass wir bestimmte Straßen nicht zu No-Go-Areas erklären oder zu Gebieten, wo der Staat keinen Einfluss mehr hat. Das darf nicht passieren.» In Berlin ist deshalb von «besonders kriminalitätsbelasteten Orten» die Rede.

Auch im Wedding, wo sich die Problemlagen ähnlich darstellen wie in Neukölln, gibt es solche Orte. Ein Polizeieinsatz gegen einen Elfjährigen führte dort zu einer Gemengelage, die zunächst nur in der Soldiner Straße später aber in der breiten Medienöffentlichkeit geführt wurde. Es war eine Nichtigkeit, in diesem Fall Kinder, die in einem geöffneten Auto den Motor gestartet hatten, dann kam die Polizei, gefolgt von den Familienmitgliedern des Elfjährigen. Die Polizei war wegen spielender Kinder gekommen, aber die Situation vor Ort spitzte sich schnell zu: Erst mit Verstärkung konnte eine aufgebrachte Menschenmenge zur Ordnung gerufen werden. Blitzschnell waren die Polizisten von ihr umringt worden, unter Druck gesetzt, provoziert. Einer der Beteiligten zeichnete ein Handyvideo auf. Dabei immer im Fokus: die hochnervösen Polizisten. «Aufnehmen, aufnehmen!», befiehlt eine junge Männerstimme, die auf dem Video zu hören ist. «Alles auf Aufnahme!»

Zu sehen sind vor allem Polizisten, wie sie einen Mann zu Boden ringen, wie sie zwei hysterisch wirkende Frauen mit Pfefferspray abwehren. Das Video gibt kein gutes Bild der Polizei ab. Auch deshalb mehren sich nach dem Einsatz die polizeikritischen Stimmen in der Öffentlichkeit. Zum Ärger von Migrationsforscher Ralph Ghadban. Das Netz ist voll von ähnlichen Videos. Auch das ist ein Grund dafür, warum Berliner Polizisten sich den Einsatz eigener Body-Cams wünschen, Körperkameras, mit denen sie ihrerseits solche Situationen dokumentieren können. Denn längst ist die Propaganda, das Manipulieren mit Hilfe von Bildern, ein Mittel im Kampf um die Straße: bei Extremisten ebenso wie bei Kriminellen oder den arabischen Großfamilien, die ihre Parallelwelt gegen staatliche Einflüsse verteidigen.

Ralph Ghadban ärgert sich über solche Verbalangriffe gegen die Polizei, weil sie den Clans weiter Auftrieb gäben. «Das war kein persönlicher Streit zwischen Polizisten und Angehörigen eines Clans, wie es fälschlicherweise dargestellt wurde, sondern eine bewusst herbeigeführte Eskalation, weil sie den Staat raus haben wollen aus ihrem Terrain.» Ghadban erkennt ein Muster: «Das läuft über Handy, per SMS, vor allem aber über What's App», sagt er. «Sie haben den Vorteil solcher Rudelbildung-Auftritte entdeckt. Damit wollen sie Polizeieinsätze verhindern.» Tatsächlich denken einige Polizisten im Einsatz inzwischen darüber nach, ob sie sich wegen Bagatelldelikten überhaupt noch in die Angelegenheiten der arabischen Großfamilien einmischen sollen. «Jeder, der etwas gegen ihre kriminellen Geschäfte unternimmt, gegen Drogenhandel, Prostitution und so weiter, der wird eingeschüchtert», sagt Ghadban: «Das machen sie auch in den Gerichten. Bei jedem kleinen Streit mit einem von ihnen hat man plötzlich die ganze Sippe am Hals.»

Bislang deutet nichts darauf hin, dass sich daran etwas ändert. Die Clans wachsen, erfahren weiteren Zulauf – auch durch Flüchtlinge aus dem arabischen Raum –, der Staat ist weitgehend machtlos und hat kaum eine Möglichkeit, an das kriminell erwirtschaftete Vermögen zu kommen. So können die Clanmitglieder ihren Einflussbereich immer weiter ausdehnen.

Ein schwieriger Fall

Wenn der Bundesminister des Inneren die Neuordnung der Sicherheitsarchitektur mit dem «Vertrauen in unsere demokratischen Institutionen» in Zusammenhang bringt,[59] dann lohnt es sich genauer hinzuschauen. Schließlich macht Thomas de Maizière damit deutlich, dass auch die Bundesregierung eine Verbindung sieht zwischen dem gesunkenen Sicherheitsgefühl der Bürger und der Vertrauenskrise unseres politischen Systems. Nach Jahren, in denen die politische Führung in Deutschland systematisch für eine Reduzierung des staatlichen Einflusses und staatlicher Leistungen gesorgt hat, spricht nun auch die Bundesregierung wieder vom «starken Staat». Damit folgt sie dem wachsenden Wunsch der Bevölkerung nach mehr Fürsorge und Schutz. Denn der Staat hat zuletzt seine ureigenste Aufgabe, die Gewährleistung der Sicherheit, nicht mehr vollumfänglich erfüllen können. Dies lag zu einem guten Teil an den Sparmaßnahmen der vergangenen Jahre, aber nicht nur an diesen. Die hiesigen Sicherheitsbehörden waren auch angesichts der eigenen starren räumlichen und inhaltlichen Zuständigkeiten strukturell überfordert – von den Folgen gescheiterter Integration und den Herausforderungen der importierten Kriminalität: reisenden Banden, kriminellen Flüchtlingen, die den zwischenzeitlichen Kontrollverlust des Staates gezielt missbrauchen, und grenzenlos agierenden Tätergruppen aus Drogenhändlern und Menschenschmugglern.

Dass die Bundesregierung nun mehr Geld für die Sicherheit

ausgeben will, auch für mehr Personal bei Bundespolizei und BKA, ist eine logische Folge aus der Selbsterkenntnis, dass der Staat soweit verschlankt wurde, bis er seinen Aufgaben nicht mehr gewachsen war. Thomas de Maizière schlug zudem vor, bundesweit relevante Aufgaben der Kriminalitätsbekämpfung zu zentralisieren, etwa der dem Bundesinnenministerium unterstellten Bundespolizei mehr Kompetenzen einzuräumen als bisher, wo sie lediglich für den Schutz von Flughäfen und Bahnhöfen, sowie der Kontrolle illegaler Einreisen zuständig ist. Eine derartige tatsächliche Polizei des Bundes könnte etwa mittels einer bundesweit ausgedehnten Schleierfahndung wirkungsvoll gegen reisende Einbrecherbanden vorgehen, bei deren Verfolgung die Länderbehörden regelmäßig an ihre Grenzen stoßen. Auch die von de Maizière ins Spiel gebrachte Stärkung des BKA wäre ein Schritt in die richtige Richtung, zumal die Kriminalpolizeien der Länder höchst uneinheitlich ausgebildet und ausgestattet sind. Ein mit mehr Personal und Kompetenzen ausgestattetes BKA könnte das Zuständigkeitsdilemma im Kampf gegen zunehmend mobile Tätergruppen der organisierten Kriminalität beseitigen. Zwar hat der Bundesinnenminister seine «Leitlinien für einen starken Staat in schwierigen Zeiten» ausdrücklich vor dem Hintergrund der akuten Terrorgefahr formuliert, aber seine weitreichenden Vorschläge berücksichtigen die Defizite in der Bekämpfung der organisierten und grenzübergreifenden Kriminalität gleichermaßen.

Die Aufstockung der Polizei in Bund und Ländern gilt inzwischen als mehrheitsfähige Forderung über Parteigrenzen hinweg. Selbst die der Polizei lange Zeit kritisch gegenüberstehenden Grünen haben ihr Verhältnis zu den Sicherheitsbehörden in den vergangenen Jahren deutlich entspannt. Über kundige Fachpolitiker bringen sie sich inzwischen konstruktiv in den Dialog mit der Polizei ein. Allerdings dürfen die Forderungen nach mehr Polizei nicht bloße Rhetorik bleiben. Sie müssen nun auch schnellstmöglich umgesetzt werden. Ein erfahrener Staatsanwalt beschreibt den Grund für diese Eile: «Ich habe noch keinen Pflaumenbaum gesehen, auf dem ein ausgebildeter Polizeibeamter hängt, und dann macht es plumps – und er geht auf die Straße. Der wird erst drei Jahre ausgebildet, und bis dahin verwalten wir den Missstand.»

Unter Ermittlern ist es zudem unumstritten, dass sehr viel mehr Verfahren gegen die organisierte Kriminalität eröffnet werden könnten und mehr Ermittlungserfolge möglich wären, wenn es mehr Kriminalpolizisten und Staatsanwälte geben würde, die sich darum kümmerten. Und auch die Verfahren selbst sind teuer, wie das erfolgreiche Vorgehen gegen die rumänischen Taschendiebe in Berlin gezeigt hat. Wer glaubt, die öffentliche Ordnung ließe sich mit einer Schrumpfmannschaft und zu Dumpingpreisen aufrechterhalten, der befindet sich im Irrtum. Denn Sicherheit kann man kaufen. Sofern der politische Wille zur Bekämpfung der organisierten Kriminalität vorhanden und finanziell unterfüttert ist, kann fast jede Ermittlung in diesem Bereich zu einem Erfolg führen.

Doch wäre es ebenso ein Irrtum zu glauben, das Problem ließe sich allein mit Geld lösen. Die Sicherheitsbehörden müssen auch über die Strukturen und Mittel verfügen, die sie für eine erfolgreiche Arbeit benötigen. Dabei gilt es immer wieder abzuwägen zwischen der Freiheit der Bürger und ihrem Bedürfnis nach Sicherheit. Der Datenschutz etwa steht in Deutschland zahlreichen Methoden im Weg, die eine wirksame Kriminalitätsbekämpfung versprechen. In einer Zeit, in der viele Menschen persönliche Daten freiwillig und ohne wirtschaftlichen Zwang im Internet einer großen Öffentlichkeit preisgeben, erscheint das deutsche Dogma vom Datenschutz als übertrieben hart. Kaum eine andere Industrienation hat die berechtigte Sorge um den Datenschutz so weit getrieben wie Deutschland. Inzwischen erweist er sich oft als Hindernis bei den Versuchen, den wachsenden Herausforderungen der inneren Sicherheit zu begegnen. Das gilt bei der Kriminalitätsbekämpfung ebenso wie bei der Abwehr von staatsgefährdendem Extremismus und Terror.

So ist es für die meisten Bürger wohl kaum nachvollziehbar, dass Videoaufnahmen von einer Straftat, über die ein Täter leicht zu identifizieren wäre, erst Wochen nach der Tat von der Polizei veröffentlicht werden dürfen. Zumal es offensichtlich ist, dass der Täter wegen des sogleich massiv vergrößerten Verfolgungsdrucks mit einer hohen Wahrscheinlichkeit gefasst werden könnte. Bislang allerdings kommt eine solche Öffentlichkeitsfahndung erst dann in Betracht, wenn alle anderen Ermittlungsansätze nichts gebracht haben. Demnach müssen erst sämtliche Zeugen vernommen und alle Spuren ausgewertet werden, bis der dafür erforderliche richterliche Beschluss erteilt werden darf. Solche Regelungen erscheinen angesichts der fortgeschrittenen technischen Möglichkeiten kaum mehr sinnvoll. Dass der durch die Persönlichkeitsrechte gewahrte Täterschutz Vorrang vor dem Opferschutz genießt, ist öffentlich schwer zu vermitteln, zumal es in vielen Fällen nicht nur darum geht, eine singuläre Straftat aufzuklären, sondern auch darum, durch eine Festnahme Folgetaten zu verhindern oder Ermittlungen gegen organisierte Banden und Serientäter voranzutreiben. Hier bedarf es eines Paradigmenwechsels in der jeweiligen Güterabwägung zwischen der persönlichen Freiheit des Einzelnen und der allgemeinen Sicherheit.

Daran schließt sich die Forderung nach einer besseren Videoüberwachung an, der immer noch starker Widerstand aus dem politischen Raum entgegensteht. Das Ermittlungsdesaster nach der Silvesternacht von Köln, aufgrund dessen fast alle Täter straflos blieben, die akute Terrorgefahr, die Debatte um besonders kriminalitätsbelastete Orte sowie die Ermittlungen gegen organisierte Banden von Einbrechern, Taschen- und Fahrraddieben zeigen deutlich, dass eine Videoüberwachung an gefährlichen öffentlichen Orten längst überfällig ist. Das bezieht sich vor allem auch auf solche öffentlichen Orte, die sich in Privatbesitz befinden, etwa Einkaufszentren, Veranstaltungshallen oder Parkplätze sowie Busse und Bahnen, wo die Videoüberwachung bislang durch die Landesdatenschutzbehörden reglementiert worden ist. Gleiches gilt für den Einsatz «intelligenter Videoanalysetechniken», die eine Gesichtserkennung ermöglichen.

Eine Mehrheit der Deutschen befürwortet eine Ausdehnung der Videoüberwachung. Das haben Umfragen gezeigt, die nach dem Terroranschlag vom Berliner Breitscheidplatz veröffentlicht worden sind, der eine entsprechende Diskussion nach sich zog. Doch auch Befragungen, die weit vor diesem Ereignis erfolgten, das das Meinungsbild stark beeinflusst haben dürfte, zeigen ein ähnliches Bild. So sprachen sich bereits im Jahr 2012 mehr als die Hälfte (53,1 Prozent) von 1398 befragten Flugpassagieren in einer Studie des vom Bundesministerium für Bildung und Forschung geförderten ersten nationalen Sicherheitsprogramms für den Ausbau von Videoüberwachungsmaßnahmen aus.[60] In einer Umfrage der Berliner Verkehrsbetriebe (BVG) sollen – dem Unternehmen zufolge – 2014 82 Prozent aller befragten Fahrgäste eine «komplette Videoausstattung auf Bahnhöfen» befürwortet haben. Immerhin gelten diese als besonders belastet, wenn es um den organisierten Taschendiebstahl und um den Handel mit Drogen in kleinen Mengen geht. Auch deshalb hat die Berliner Polizei allein im Jahr 2015 die BVG in 7000 Fällen um die Aushändigung von Bildmaterial gebeten. Beim Ausbau der Videoüberwachung auf Bahnhöfen und im Nahverkehr bleibt allerdings oft unberücksichtigt, dass dieser bisher in der Regel mit einem Abbau des Sicherheitspersonals einhergegangen ist. Dies darf sich nicht fortsetzen. Im Gegenteil: Es gehört mehr Sicherheitspersonal in Bahnen und auf Bahnhöfe, idealerweise auch Polizei.

Bei der personenbezogenen Überwachung von Tatverdächtigen hinkt der Staat den technischen Möglichkeiten ebenfalls hinterher. Wenn Bandenkriminelle häufig ihre Handynummer wechseln, tun sie das, weil sie wissen, dass Ermittler für jede neue Nummer bei einem Amtsrichter einen neuen Überwachungsbeschluss für das Abhören von Telefongesprächen beantragen müssen. Vor allem aber kommunizieren sie inzwischen über Messenger-Dienste wie «What's App», die von den Ermittlern nicht überwacht werden dürfen, weil das bisherige Telekommunikationsgesetz solche «Telemediendienste» noch nicht berücksichtigt. Das muss sich zwingend ändern. Denn Polizisten ärgern sich maßlos darüber, sprechen es aber nicht laut aus, weil sie den Kriminellen keine Tipps zur abhörsicheren Kommunikation geben wollen.

Schließlich zeigen sich die meisten Bundesländer besonders rückständig beim «Predictive Policing», der vorausschauenden Polizeiarbeit über Prognose-Software, mit deren Hilfe wahrscheinliche Tatorte für verschiedene Straftaten berechnet werden können: vor allem von Einbrüchen, die von professionellen Banden nach wiederkehrenden Tatmustern begangen werden. Während sich Bayern und Baden-Württemberg nach einer Testphase jeweils für einen bestimmten Anbieter entschieden haben und ihre Erfahrungen mit der Software selbst als positiv bewerten, hat Berlin beispielsweise aus Kostengründen auf eine entsprechende Anschaffung verzichtet, um stattdessen – mit deutlichem zeitlichen Verzug – eine hausinterne Prognose-Lösung zu entwickeln. Wünschenswert wäre auch hier eine bundesweit einheitliche Variante, über die sich Daten und Erfahrungen austauschen ließen. Immerhin haben die Länder Nordrhein-Westfalen, Rheinland-Pfalz und Niedersachsen eine gemeinsame Linie in dieser Sache versprochen.

Überhaupt gelten die beiden südlichsten Bundesländer als besonders konsequent im Umgang mit Straftätern. Ermittler aus anderen Bundesländern blicken neidvoll dorthin, sprechen von einer «härteren Gangart», und von «wirkungsvoller Abschreckung», wenn reisende Banden oder ausländische Drogenhändler erklärtermaßen einen Bogen um Bayern machen, um den dortigen Behörden aus dem Weg zu gehen. Die Strafen, Haft- und Aufklärungsquoten sind dort höher, die Polizei ist besser ausgestattet und Staatsanwälte besser ausgebildet – so sehen es einige Berufskollegen. Bundespolizisten, die schon deutschlandweit im Einsatz waren, berichten auch, dass der Respekt dort größer sei, den Beamte im Dienst aus der Bevölkerung erfahren. Neben den finanziellen Mitteln eines wohlhabenden Bundeslandes ist es wohl auch eine Frage der politischen Kultur im Umgang mit Straftätern und mit denen, die für die Sicherheit der Bürger sorgen sollen. Ein Polizist in Berlin dagegen erfährt viel öffentliche Ablehnung, ist deutlich schlechter bezahlt als viele Kollegen in anderen Bundesländern, wird aber zugleich fast täglich mit den krassesten Auswüchsen an Kriminalität konfrontiert, die dieses Land zu bieten hat. Eine politische Aufwertung der Sicherheitsfrage durch die Entscheidungsträger in den Ländern erscheint in diesem Licht dringend geboten.

Doch reisenden Banden kann man nicht mit national beschränkten Maßnahmen allein begegnen. Grenzüberschreitende Kriminalität kann letztlich nur über internationale Zusammenarbeit wirksam bekämpft werden. Die allerdings erfolgt bislang nur mangelhaft. Deutlich verbessern ließe sich das über eine Art europäisches FBI, das bislang nicht in Sicht ist: Die europäische Polizeibehörde EUROPOL hat wie ihre Schwesterinstitution EURO-JUST, die Einheit für justizielle Zusammenarbeit der EU, lediglich Analyse- und Vermittlungsaufgaben, und dementsprechend den Status von EU-Agenturen. Bezogen auf eine wirksame Bekämpfung der organisierten Kriminalität greifen diese Kompetenzen zu kurz. Für operative Einsätze fehlt ihnen das Mandat der Mitgliedsstaaten. So wie sich die Bundesrepublik für die Gründung von EUROPOL eingesetzt hat, könnte sie jetzt dafür werben, dass dessen Kompetenzen langfristig vergrößert werden: hin zu einer europaweit agierenden operativen Polizeieinheit. Dieses

Ziel allerdings ist angesichts der europäischen Gemengelage in weiter Ferne. Bis dahin bleiben den Behörden in Deutschland nur die Kooperation mit einzelnen Nachbarstaaten und die gemeinsamen Ermittlungsgruppen von Behörden aus zwei oder mehr EU-Mitgliedsländern, die JITs (Joint Investigation Team), die allerdings zeitlich befristet sind und nur für einen konkreten Fall gelten. Es gibt bis heute keinerlei dauerhafte Ermittlungszusammenarbeit zwischen den EU-Mitgliedsstaaten.

Doch nicht nur für die aus dem Ausland nach Deutschland reisenden Täter muss eine effektive Lösung gefunden werden. Auch eine wirksame Antwort auf das Dilemma der gescheiterten Integration steht hierzulande noch aus. Solange sich Menschen mit Migrationshintergrund nicht als Teil unserer Gesellschaft verstehen, bietet die organisierte Kriminalität ihnen eine nahe liegende Perspektive und die Hoffnung auf Wohlstand und Anerkennung. Ideal wäre es natürlich, wenn sie aus eigener Kraft den Weg in unsere Gesellschaft fänden, wie es bei der Mehrheit der zu uns kommenden Migranten der Fall ist. Bei allen anderen, zumal bei denen, die familiär in eine Parallelgesellschaft gezogen werden oder dort hinein wachsen, müssen sich staatliche wie zivilgesellschaftliche Institutionen gleichermaßen um einen Ausweg für sie bemühen.

Zu den wesentlichen Lehren, die Jugendrichterin Kirsten Heisig aus ihrem Umgang mit jungen Intensivtätern gezogen hat, auch mit solchen aus kriminellen Clans, gehört, dass sämtliche Behörden, die mit diesem Problem befasst sind, enger zusammenarbeiten müssen. Nur so können aus den «Ausbildungsstätten des Verbrechens» in deutschen Großstädten «Bildungsstätten» werden, in denen Jugendliche aus kriminalitätsanfälligen Milieus etwas lernen, mit dem sie auf legalem Wege Anerkennung erfahren können. Dafür müsste die Arbeit der Polizei mit den übrigen Behörden abgestimmt werden, die junge Mitglieder krimineller Großfamilien und andere besonders kriminogene Jugendliche außerhalb der Parallelgesellschaften erreichen, bevor sie für die Mehrheitsgesellschaft für immer verloren sind. Bisher steht auch hier der Datenschutz einer besseren Vernetzung der Bemühungen, etwa zwischen Jugendamt, Polizei, Schulamt und Jobcenter, entgegen. Zahlreiche junge Menschen wachsen mit einem Werteverständnis auf, das kriminelles Handeln akzeptiert – ja sogar als wünschenswert definiert. Und in dem der deutsche Staat und seine demokratischen Regeln keine Rolle spielen, zumal die kriminell geprägte Familie sehr viel stärker ist. Das ist eine der zentralen Ursachen für die hohe Kriminalitätsbelastung unter in Deutschland lebenden Menschen mit Migrationshintergrund. Es wird eine der wichtigsten Aufgaben der nächsten Jahre sein, Migranten und ihre Kinder in Deutschland so zu behandeln, dass diese sich erst gar nicht für ein Leben in der Kriminalität entscheiden.

Gelingt das nicht, zumal angesichts der jüngsten Einwanderungswelle, und stagniert Europa auch auf dem Weg zu einer wirkungsvollen Zusammenarbeit der Sicherheitsbehörden, dann werden die Banden die Vertrauenskrise des Staates vergrößern. Am Ende droht der soziale Frieden in unserem Land zu erodieren. Genau darauf hoffen die populistischen Angstmacher, die selbst an keiner Lösung des Kriminalitätsproblems interessiert sind, sondern lediglich an seiner Eskalation.